やせるおやつ

小麦粉、白砂糖、卵、
乳製品を使わない 56 のレシピ

\安心 おいしい！/ \ギルトフリー/

木下あおい／日本インナービューティーダイエット協会

Introduction

はじめに

みなさまはスイーツはお好きですか？
スイーツを食べることは、何ものにも代えがたい喜びを与えてくれますね。

同時に、多くの女性がさまざまな不調を感じています。疲労や冷え、むくみ、ふきでもの、やせないお腹まわり、などなど。

仕事や家事、育児を頑張りすぎてしまうと、からだは甘いものを過剰に欲します。ただ、甘いものを食べて、からだも心も重くなって、自己嫌悪という負のスパイラルに陥ることも……。

食べることは幸せなこと。
スイーツを食べる喜びは特別なもの。

もし、なるべく心身ともに負担のないスイーツを自分で作ることができたら最高ですよね。

この本の中に掲載されているレシピはすべて

・白砂糖不使用
・グルテンフリー
・乳製品不使用
・卵不使用

そして、発酵食品や、旬の野菜と果物をふんだんに活用しています。

日本インナービューティーダイエット協会（IBD）は、女性が内側から輝くことを目指し、腸内環境を整える食事を軸に、きれいと幸せを叶える食事の普及に尽力しています。
私たちは、できるだけ素材の味を活かして、レシピを考案しています。
さらに、腸を整える力を持つ、日本が誇る発酵菌たちの目に見えない素晴らしい力を活用し、お野菜のパワーを最大限引き出し、シンプルだけどコクと満足感がある、そんなスイーツを作り上げました。

見て楽しく、食べておいしい、そして食べた後は、もっときれいになれる。
大切な方に自信を持って食べてもらえる、そんなスイーツ作りを楽しんでいただけたら。
こちらの本はみなさまの笑顔を想像しながら、私たちIBD協会の想いをのせて作った本です。
心を込めて作りました。
みなさまの心に届きますように。

「手作りしたくなっちゃうな」
そんな声が聞こえてきたら、
こんなにうれしいことはありません。

インナービューティープランナー
管理栄養士　木下あおい

Contents

はじめに ……………………………………… 2
おすすめする材料 ……………………………… 6
この本の使い方 ……………………………… 8

Part.1
かんたんスイーツ

キウイの甘酒豆乳ヨーグルト ………………… 10
甘酒スムージー ……………………………… 12
赤のさっぱりシャーベット …………………… 14
豆腐で作るチョコクリーム …………………… 16
ナッツのキャラメリゼ ………………………… 18
チョコバナナムース …………………………… 20
カスタードのベリーパルフェ ………………… 22
炒り大豆のタフィー …………………………… 24
大豆ミートチップス …………………………… 26
揚げない大学芋 ……………………………… 28
お豆腐きなこわらび餅 ………………………… 30
Column.1 ……………………………………… 32

Part.2
ヘルシーおやつ

ソイアイスクリーム …………………………… 34
甘酒レモンケーキ ……………………………… 36
りんごとローズヒップの甘酒アイスバー …… 38
トマトとパプリカのムース風 ………………… 40
酒かすと山芋のチーズケーキ ………………… 42
ブルーベリーの豆乳アイス …………………… 44
切り干し大根のブリスボール ………………… 46
バナナ豆乳ラッシー …………………………… 48
黒ごまプリン ………………………………… 50
ビューティースティックバー ………………… 52
シナモンパンプキンようかん ………………… 54
豆乳レアチーズケーキ ………………………… 56
ごぼうのソフトクッキー ……………………… 58
Column.2 ……………………………………… 60

Part.3
ベジおやつ

アボカドとバナナの濃厚アイス ……………… 62
にんじんケーキと2色のベジクリーム …… 64

バジルとガーリックのセイボリー ……… 66

レンコンのスクエアケーキ ……… 68

ほっこりかぼちゃぜんざい＆豆腐白玉 …… 70

里芋とオクラの抹茶ジェラート ……… 72

いちごと長芋クリームのタルト ……… 74

豆乳かぼちゃプリン ……… 76

小松菜グリーンカップケーキ ……… 78

大根おからマフィン ……… 80

ビーツといちごの真っ赤なパンケーキ ……… 82

かぼちゃマフィン ……… 84

トマトのブランマンジェ ……… 86

アイシングクッキー ……… 88

Part.4
和スイーツ

パンケーキと抹茶ホイップクリーム ……… 92

レンズ豆餡のきんつば ……… 94

デーツで作る桜餅 ……… 96

ほうじ茶＆抹茶のおからティラミス ……… 98

豆乳メレンゲの米粉シフォンケーキ ……… 100

白玉団子ときなこ甘酒ソースがけ ……… 102

抹茶のロータルト ……… 104

くるみ餡の黒米おはぎ ……… 106

抹茶ムースとふんわりこしあん ……… 108

白ごまクッキー ……… 110

赤えんどう豆のパウンドケーキ ……… 112

Column. 3 ……… 114

Part.5
おもてなしスイーツ

チョコバナナムースタルト ……… 116

ベリーのタルト ……… 118

発酵チーズケーキ ……… 120

米粉のチョコミルクレープ ……… 122

アボカドチーズケーキ ……… 124

ザッハトルテ ……… 126

いちごの3層ムースタルト ……… 128

おわりに ……… 133

レシピ監修者一覧 ……… 134

●オーブンの温度や焼き時間はあくまで目安となります。大きさやオーブンによって変わることがあるので、適宜調整してください。●調理時間は、冷ましたり冷蔵庫で冷やしかためる時間などは含みません。

インナービューティーダイエット協会が おすすめする材料

粉類

1. 「製菓用米粉」(富澤商店)
2. 「オーサワの片栗粉」(オーサワジャパン)
3. 「オーサワの本葛(微粉末)」(オーサワジャパン)

糖類、甘味料

4. 「オーサワの有機メープルシロップ アンバー (リッチテイスト)」(オーサワジャパン)
5. 「オーサワの有機甘酒(なめらか)」(オーサワジャパン)
6. 「有機栽培ブルーアガベシロップ」(リマの通販)
7. 「北海道産・てんさい含蜜糖・粉末」(ムソー)
8. 「甘えてください甘酒ちゃん」(インナービューティー) ※販売は「マルカワみそ」

塩分

9. 「コーボンみそ」(COBON)
10. 「海の精 あらしお」(海の精)
11. 「オーサワ有機生しょうゆ」(オーサワジャパン)
12. 「乾燥有機玄米麹」(インナービューティー)
    ※販売は「マルカワみそ」

オイル

13. 「サンワユイル米油」(三和油脂)
14. 「有機レギュラーココナッツオイル」(テングナチュラルフーズ/アリサン)

水分

15. 「豆乳グルト」(マルサンアイ)
16. 「有機豆乳無調整」(マルサンアイ)

香料・膨張材

17. 「オーガニックバニラエキストラクト」
（テングナチュラルフーズ／アリサン）
18. 「ラムフォード ベーキングパウダー」
（テングナチュラルフーズ／アリサン）

副材料

19. 「オーサワ ブラックココア」（オーサワジャパン）
20. 「オーサワの国内産有機きな粉」（オーサワジャパン）
21. 「製菓用抹茶」（富澤商店）

材料の特徴

● 米粉
粒子の細かい「製菓用米粉」を選びましょう。小麦粉と違ってグルテンが含まれておらず生地に粘り気が出ないので、混ぜすぎても心配ありません。ただ、米粉だけでは小麦粉のような食感を出しにくく、ケーキのふんわり感やクッキーのさっくり感を出すために、葛粉や片栗粉など他の粉を合わせて使用しています。

● 甜菜糖
北海道を中心に栽培されている「甜菜」という植物からとれる糖です。根からとれるため、根菜類に分類され、"体を冷やさない"と言われています。お菓子作りには、溶けやすい粉末状がおすすめ。上白糖やグラニュー糖にはほとんど含まれていないオリゴ糖やミネラルが含まれ、まろやかな甘さも特徴です。

● 米油
米ぬかから抽出した油で、ポリフェノールやビタミンEの作用により抗酸化作用を持ちます。風味にクセのない植物性油が焼き菓子には向いていて、菜種油や太白ごま油でも代用可能です。

● アーモンドプードル
卵や乳製品を使わないコクのあるお菓子作りに欠かせません。ケーキやマフィンはしっとり、クッキーやタルト生地はサクサクとした食感に仕上がります。

● ベーキングパウダー
生地が膨らむという点では重曹でも代用可能ですが、焼き色や風味が変わります。代用する場合は、レシピの1/2量を目安にします。ベーキングパウダーは水分と反応すると膨らむ力が働き始めます。混ぜ終わったらあまり時間をおかずに焼き上げましょう。

問い合わせ先

マルカワみそ　0778-27-2111
http://marukawamiso.com

海の精　03-3227-5605
https://www.uminosei.com

オーサワジャパン　03-6701-5900
http://www.ohsawa-japan.co.jp

リマの通販　0120-328-515
http://lima-netshop.jp

テングナチュラルフーズ／アリサン　0429-82-4812
http://www.alishan-organics.com

富澤商店　042-776-6488
https://tomiz.com

マルサンアイ　0120-03-4130
http://www.marusanai.co.jp

三和油脂　023-653-3021
http://www.sanwa-yushi.co.jp

ムソー　06-6945-5800
http://muso.co.jp

COBON　0120-333-065
http://www.daiichikobo.com

この本の使い方

【できあがりイメージ】
おやつのできあがりイメージと飾り付け例です。慣れてきたら、自分流にアレンジしてください。

【目で追いやすいプロセス】
写真のすぐ近くに作り方が書かれています。プロセスは4、6、8、10の4パターン。写真をパパッと目で追いながら、作り方も理解できます。

01.
キウイの甘酒豆乳ヨーグルト

5分でできる、朝ごはん代わりにもなるヘルシーなスイーツです。忙しい朝にぴったりで、甘酒が苦手な人も取り入れやすい、さっぱり味のキウイフルーツと組み合わせました。

調理時間：5分

材料（4人分）
豆乳グルト————240ml
キウイフルーツ————2個
A 甘酒（濃縮タイプ）——大さじ4
　メープルシロップ——小さじ2

Point
味噌やしょうゆ、漬け物などの植物由来のものから分離した乳酸菌を含んだ豆乳グルトを使用しています。日本人のお腹になじんだ乳酸菌。もちろん通常のヨーグルトでも作ることができます。
レシピ：山口ゆき

1　材料を揃える。

2　ボウルに豆乳グルト、Aを入れ混ぜ合わせる。

3　キウイフルーツは皮をむき、小さく切る。

4　器に2を入れ、キウイフルーツを上からトッピングする。

【メニュー紹介】
使用する材料がからだにどう作用するのかなど、栄養学の面などからもメニューを紹介しています。

【Point】
おいしく作るためのコツや、作っているときに注意してほしい点などを解説。プロセスには書いていない、レシピ考案者からの大切なアドバイスや工夫が満載です。ぜひお役立てください。

Part. 1

> Easy

まずはここから
かんたんスイーツ

「さっとかんたんにできるなら、
お菓子作りの楽しさを感じてもらえるのでは」
—— そんな考えから生まれた、
からだにもやさしい入門的なレシピです。

01.
キウイの甘酒豆乳ヨーグルト

5分でできる、朝ごはん代わりにもなるヘルシーなスイーツです。
忙しい朝にぴったりで、甘酒が苦手な人も取り入れやすい、
さっぱり味のキウイフルーツと組み合わせました。

調理時間：5分

材料（4人分）
豆乳グルト …………………………… 240ml
キウイフルーツ ……………………… 2個
A　甘酒（濃縮タイプ）……… 大さじ4
　　メープルシロップ ………… 小さじ2

Point

味噌やしょうゆ、漬け物などの植物由来のものから分離した乳酸菌を含んだ豆乳グルトを使用しています。日本人のお腹になじんだ乳酸菌。もちろん通常のヨーグルトでも作ることができます。

レシピ：山口さき

1 | 材料を揃える。

2 | ボウルに豆乳グルト、Aを入れ混ぜ合わせる。

3 | キウイフルーツは皮をむき、小さく切る。

4 | 器に2を入れ、キウイフルーツを上からトッピングする。

02.
甘酒スムージー

甘酒、豆乳、季節のフルーツを袋に入れて
揉み込むだけで作れるお手軽スムージーです。

(調理時間：5分)

材料（4人分）
- もも ……………………………… 2個
- 豆乳 ……………………………… 200ml
- 甘酒（濃縮タイプ）……………… 100ml
- レモン果汁 ……………………… 大さじ2
- ミント …………………………… 適量

Point

甘酒は、ビタミンB群や必須アミノ酸を豊富に含み、疲労回復に効果的。豆乳のたんぱく質、フルーツのビタミンCも加わり、美肌づくりにもおすすめです。

レシピ：丹後典子

1 | 材料を揃える。

2 | ももをカットする。

3 | ビニール袋にすべての材料を入れ、ももがつぶれるまで揉み込む。

4 | 冷蔵庫で20分冷やす。適度なかたさになったらグラスに盛りつける。

03.
赤のさっぱりシャーベット

夏に作りたい爽やかシャーベット。
水分は加えず、ミニトマトとスイカをそのまま使って栄養まるごといただきます。

調理時間：10分

材料（4人分）

ミニトマト	300g
スイカ	400g
レモン果汁	大さじ2
塩	適量
オリーブオイル	適量
ブラックペッパー	適量
ミント	適量

Point

ミニトマトとスイカの赤い色素成分でもあるリコピンは、体内の酸化や動脈硬化を防ぐ働きがあります。油と一緒に摂取することで、さらに効果も高まります。

レシピ：前田梨江

1 材料を揃える。スイカは種を除き適当な大きさにカットする。

2 冷凍用保存袋にミニトマト、スイカ、レモン果汁、塩を入れ、ミニトマトがつぶれるようによく揉む。

3 バットに入れ冷凍庫で凍らせる。

4 半分くらいかたまったら、フォークでつぶしながら全体を混ぜる。冷凍庫でお好みの硬さになるまで冷やし、器に盛る。お好みでオリーブオイル、ブラックペッパー、ミントを添える。

04.
豆腐で作るチョコクリーム

豆腐の脂質はホイップクリームの10分の1以下。
ヘルシーな甘いスイーツを豆腐で
叶えることができます。
ココアパウダーを入れることで、
チョコクリームのような濃厚な味わいに。

調理時間：10分

材料（4人分）
絹ごし豆腐 ……………………… 2丁（600g）
メープルシロップ ……………………… 大さじ4
ココアパウダー ……………………… 大さじ4
【飾り】
ココアパウダー ……………………… 少々
シナモンパウダー ……………………… 少々
ミント ……………………… 少々
ピスタチオ（殻を取り除き荒く刻む）
……………………… 2粒

Point

器に盛りつける前に冷蔵庫で10分ほど冷やすと、よりおいしくいただけます。3の工程をフードプロセッサーで行うと、さらに口当たりがなめらかに仕上がります。
レシピ：三和文子

1 | 材料を揃える。ボウルに20分以上水きりをした絹ごし豆腐を入れる。

2 | ボウルにメープルシロップ、ココアパウダーを入れる。

3 | 泡立て器でよく混ぜる。

4 | 器に盛りつけ、茶こしを使って飾り用のココアパウダーをふりかける。シナモンパウダーをふり、ミント、ピスタチオを飾る。

05.
ナッツのキャラメリゼ

ナッツ類はオメガ9脂肪酸といわれる栄養素を含み、
便通改善に効果的とされています。
よくかむことで、お腹も満たされ、イライラ予防にも。
小腹が空いたときのために、作っておくと便利♪

調理時間：10分

材料（4人分）
- アーモンド……………………………… 40g
- くるみ…………………………………… 30g
- カシューナッツ………………………… 30g
- ※ナッツはお好みの素焼きのもの合計100g

A
- 甜菜糖…………………………… 40g
- 水………………………… 大さじ1
- 粗塩……………………………… 適量
- コショウ（粗びき）……………… 適量

Point

ナッツの食感をいろいろ楽しめるよう、種類と大きさを変えています。塩・コショウは粉末ではなく、粒の残るものを使用しました。ザクザク食感がお好きな方は大きめに切ることをおすすめします。
レシピ：藤井香里

1 | ナッツ類を大中小3種類の大きさに切り分け、鍋がふつふつと大きな泡がたちはじめたらナッツを入れ、40秒ほどすばやく混ぜ合わせる。

2 | 鍋にAを入れ中火にかける。

3 | 一度火をとめ、混ぜ続ける。甜菜糖が白く結晶化したところで再度火をつけ弱火で煮詰める。

4 | 香ばしい香りがしてきたら火をとめ、バットに入れ粗熱をとる。塩、コショウ(各分量外)をふり、混ぜ合わせる。

06.
チョコバナナムース

チョコレートも生クリームも使わず、濃厚なコクのあるムースが作れます。
盛りつけにこだわっておしゃれなデザートに。

(調理時間:15分)

材料(4人分)
- 絹ごし豆腐 …… 1丁(300g)
- 完熟バナナ …… 1本
- プルーン …… 6個
- A
  - ココナッツオイル(無香) …… 大さじ2
  - 甘酒(濃縮タイプ) …… 大さじ2
  - ココアパウダー …… 大さじ2
- 【飾り】
  - 完熟バナナ …… 1本
  - ココアパウダー …… 適量

Point

完熟したバナナ、プルーン、甘酒はオリゴ糖を含み、腸内環境を整えます。甘味の強い食材を使用することで、砂糖不使用でも濃厚で甘いチョコムースができあがります。豆腐とバナナによって腹持ちが良い一品に。
レシピ:高橋里佳

1 | バナナを一口大と、飾り用の輪切りにカットする。

2 | プルーンを適当な大きさにカットする。

3 | フードプロセッサーに絹ごし豆腐、一口大に切ったバナナ、Aを入れ、ふんわりなめらかになるまで撹拌する。

4 | グラスの内側に輪切りにしたバナナを貼りつけ、3を流し入れ冷蔵庫で冷やす。食べる直前にココアパウダーを茶こしでふりかける。

07.
カスタードのベリーパルフェ

卵や乳製品を使わずに、ヘルシーなカスタードクリームが作れます。
ココナッツは中鎖脂肪酸を含み、
脂肪に変わりにくい油とされています。
ベリーは抗酸化力が高く、酸味もあり、
クリームと相性抜群のかわいいパルフェに。

調理時間：20分

材料（2人分）
米粉 ……………………… 大さじ3
塩 ………………………… ひとつまみ
A | ココナッツミルク ……… 150ml
　| 豆乳 …………………… 200ml
　| メープルシロップ … 大さじ2・½
B | ターメリック ………… 少々
　| バニラエキストラクト ……… 少々
オートミール ……………… 適量
いちご、ブルーベリー、ラズベリー等
　………………………………… 適量
ミント ……………………… 適量

Point
米粉は鍋底の方からかたまってしまうため、加熱中はていねいに混ぜ続けてください。できたてはトロリとしていますが、冷やすともっちりとプリンのような食感になります。
レシピ：瀬川陽子

1

ボウルに米粉と塩を入れ、ダマにならないようAを少しずつ加えながら混ぜる。

2

鍋に移し、とろみがつくまで混ぜながら弱火にかける。

3

Bを加えさらに混ぜる。

4

きれいなクリーム色になったらカスタードクリームの完成。グラスにオートミール、カスタードクリーム、ベリー類を重ね、お好みでトッピングし、ミントを添える。

08.
炒り大豆のタフィー

たった4つの材料を混ぜるだけで作れるかんたんおやつ。
通常はバターや砂糖で作るタフィーをヘルシーな材料で。
大豆、きなこに含まれる豊富な食物繊維、
オリゴ糖をたっぷりと摂取できる、女性にうれしいヘルシーレシピです。

調理時間：5分

材料（4人分）
炒り大豆 ………… 大さじ3（約20g）
A｜ココナッツオイル（無香）
　　　………………… 大さじ4
　｜きなこ ………………… 大さじ4
　｜メープルシロップ ……… 大さじ4

Point

炒り大豆を入れず、一口大の長方体状に成型すると生キャラメル風になります。保存は密閉できる保存袋を二重にして使い、匂い移りに気をつけてください。

レシピ：野崎由美子

1 | 材料を用意する。

2 | ボウルにAを入れ、泡立て器などで乳化するまでよく混ぜる。

3 | クッキングシートを敷いたバットに流し入れ、炒り大豆をのせる。

4 | 冷凍庫で5分ほど冷やす。

09.
大豆ミートチップス

脂質の多さが気になるチップスを、栄養価の高い大豆ミートを使って揚げずに作ります。

調理時間：20分

材料（4人分）

大豆ミート（スライスタイプ）
　　　　　　　　　　　　　　1袋（90g）
米油　　　　　　　　　　　　　　15ml

【塩麹カレー味】
塩麹　　　　　　　　　　　　　　15g
カレー粉　　　　　　　　　　　　5g

【塩麹青のり味】
塩麹　　　　　　　　　　　　　　15g
青のり　　　　　　　　　　　　　5g

【メープルココナッツ味】
メープルシロップ　　　　　　　　15ml
ココナッツファイン　　　　　　　5g

Point

少量の油を使いオーブンで加熱後すぐに食べられるので、油の酸化を抑えることができます。また、たんぱく質源である大豆でできているので、補食としても重宝します。

レシピ：檜澤千恵

| 1 | 材料を用意し、オーブンを180℃に予熱する。天板にオーブンシートを敷いておく。 | 2 | ボウルに水を張り大豆ミートを入れ1〜2分浸す。水を替えながら2〜3回洗い、ざるにあげ水気をきる。 | 3 | 米油を回しかけ、フォークで混ぜ全体に油をなじませる。 |

| 4 | 大豆ミートが重ならないように天板に広げ、180℃で7分ほどカリッとするまで焼く。 | 5 | 味付けごとにボウルを用意し、材料を混ぜる。 | 6 | 粗熱がとれた4を3等分に分け、5のボウルにそれぞれ入れ味をからめる。 |

10.
揚げない大学芋

食物繊維たっぷりのさつまいもで
腸内環境を整えるほっこりおやつ。

調理時間：20分

材料（4人分）
さつまいも ……………… 中1本（約200g）
黒炒りごま ……………………… 大さじ2
A｜メープルシロップ ……… 大さじ2
　｜本みりん ………………………… 大さじ1
　｜塩麹 ………………………………… 小さじ½
　｜しょうゆ ……………………… 小さじ½

Point

揚げ菓子の油の酸化が気になる方に向けた、3種の発酵調味料を使った揚げない大学芋。揚げずに低温で蒸し煮するアンチエイジング調理法、ウォータースチームを活用して、美肌力をキープします。

レシピ：大平美弥子

| 1 | さつまいもを乱切りにする。 |

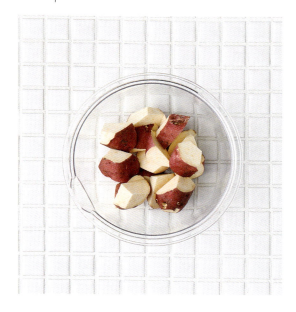

| 2 | 鍋に大さじ2の水（分量外）、さつまいもを入れ、ひとつまみの塩（分量外）をふり、ふたをしてさつまいもがやわらかくなるまで弱火で蒸し煮する。 |

| 3 | さつまいもをいったん取り出し、鍋にAを入れ菜箸でぐるぐる混ぜながらふつふつするまで火にかける。 |

| 4 | さつまいもを入れ一気に煮からめ、仕上げに黒炒りごまを和える。 |

11.
お豆腐きなこわらび餅

豆腐と葛粉で作る白いわらび餅は
もちもち感があるので、少量でも満足感抜群♪

調理時間：15分

材料（4人分）
絹ごし豆腐 ……………………… 1丁（300g）
A 葛粉（片栗粉でも可）……… 大さじ6
　アガベシロップ（メープルシロップでも可）……………… 大さじ4
きなこ ……………………………………… 適量
メープルシロップ ………………………… 適量

Point

低GIの天然甘味料であるアガベシロップを使用することで、血糖値の上昇が緩やかに。早く食べたいときはできた生地をスプーンですくって氷水で冷やしても。冷やしすぎるとかたくなるので注意。

レシピ：山田嘉子

| 1 | 材料を用意する。葛粉をふるう。 | 2 | 鍋に絹ごし豆腐、Aを入れペースト状になるまで泡立て器で混ぜる。 |

| 3 | 火にかけ絶えず混ぜながら、粘り気が強くもったりするまで加熱する。 | 4 | 水でぬらした保存容器に流し入れ、冷蔵庫で40分ほど冷やす。食べやすい大きさにカットし器に盛り、きなこ、メープルシロップをかける。 |

inner beauty diet　　　　　　　　　　　　　　　　　　　　　Column. 1

美人とは？

美人の定義とはなんでしょう。

その価値観は自由で、それぞれに思い描く美人がありますね。
私たちインナービューティーダイエット協会（IBD）が考える美しさとは、"調和がとれた人"のことです。それは、自分がいま生きる環境と調和し、季節の移ろいや多様な人間関係とも美しく調和できること。いまこの瞬間を大切にできる人、身近なひとつひとつを大切にできる人は、美しいです。

人は幸せを求めるとき、特別で、人よりもすぐれた、そんな自分を望みがちです。私もずっとそうでした。でも、美しさも、幸せも、実は自分の内側にあるのです。「今日はなんだか心地いいな」この気持ちを大切にしてみてはいかがでしょう。

それには、腸を整えることが大事。
幸福物質のセロトニンの9割は腸で生成されています。腸を整えることで、無理に頑張らず、自然と幸せを感じられるようになっていきます。美しさと幸せは心で感じるもの。そこからいろいろなことに前向きになり、心がハッピーになります。

だから、食事を整える。
幸せになるためには、食事を整えることが近道。

「いま、心が満たされている」
——そこへ向かって、食事を大切に、自分を大切にしていきましょう。

Part.

2

(Healthy)

お肌の調子が悪いときでも

ヘルシーおやつ

ふきでものやむくみなど、私たちは日々、
からだの不調と向き合わねばなりません。
それでも甘いものは必要ですよね。
自然な甘さがからだに心地良い、ヘルシーおやつをどうぞ。

12.
ソイアイスクリーム

血糖値の上昇が緩やかな低GI食品のメープルシロップと、
腸内環境を整える食物繊維が豊富な寒天で作った
ヘルシーなアイスクリームです。

調理時間：10分

材料（4人分）

豆乳	200ml
A メープルシロップ	40ml
米飴	4g
ル・カンテンウルトラ（粉寒天）	6g
バニラエキストラクト	小さじ1/3
塩	ひとつまみ
米油	10ml

Point

豆乳は沸騰させると分離しますが、粉寒天をしっかり溶かすために80℃まで熱するのが大事。時折火から鍋を下ろすなどとして温度を加減しながら撹拌してください。

レシピ：小川昭子

1
材料を用意する。

2
鍋に豆乳、Aを入れ、泡立て器で攪拌する。

3
火にかけ80℃まで加熱し、粉寒天がしっかり溶けたら塩、米油を加え、泡立て器でよく攪拌し乳化させる。

4
バットなどに流し入れて、冷凍する。フードプロセッサーで攪拌し、お好みの硬さになるまで再度冷やしかためる。

13.
甘酒レモンケーキ

米粉を使ったレモンケーキの甘さの秘密は甘酒。
カロリーを抑え、腸内環境を整え、美肌効果も期待できます。
お肌の弾力を作るビタミンCと、皮に豊富に含まれる食物繊維を摂りましょう。

調理時間：40分

材料（4個分）

【レモンケーキ】

米粉 ……………………… 80g

A
- アーモンドプードル ……… 30g
- 葛粉 ……………………… 10g
- ベーキングパウダー …… 小さじ1
- 重曹 …………………… 小さじ½

B
- 甘酒（濃縮タイプ） ……… 60ml
- 豆乳 ……………………… 60ml
- レモンの皮 …………… 1個分
- レモン果汁 ……………… 20ml
- 塩麹 …………………… 小さじ½
- 米油 ……………………… 40ml

【レモンシロップ】

C
- 水 ………………………… 30ml
- 粉寒天 ………………… 小さじ¼

豆乳 ……………………… 20ml

D
- 甘酒（濃縮タイプ） …… 20ml
- レモン果汁 …………… 小さじ1

Point

レモンの皮はすりおろしてください。白い部分まですりおろすと苦くなるので、黄色い皮の部分のみ使うこと。レモンや甘酒の栄養は熱に弱いため、火をとめてから加えましょう。

レシピ：小泉翔子

| 1 | 下準備：オーブンを160℃に予熱する。ボウルにAを入れ、泡立て器で混ぜる。さらに米粉を入れ、よく混ぜる。 | 2 | 別のボウルにBを入れ乳化するまでよく混ぜる。 | 3 | 2に1を入れてすばやく混ぜる。 |

| 4 | 型に流し入れ、160℃で20〜25分ほど焼き、粗熱がとれるまでクーラーの上で冷ます。 | 5 | 小鍋にCを入れ、沸騰するまで絶えず混ぜる。 | 6 | 弱火にし、混ぜながら豆乳を少しずつ加え火をとめる。Dを加えよく混ぜ、粗熱がとれてとろみが出たら、レモンシロップの完成。レモンケーキの上にかける。 |

14.
りんごとローズヒップの甘酒アイスバー

りんごに含まれる水溶性食物繊維ペクチンと
発酵調味料である甘酒で腸内環境の改善が期待できます。
アイスバー型のほか、製氷器やチョコレート型など
お好みの型でどうぞ。

調理時間：15分

材料（アイスバー4本分）
りんご ……………………………… 200g
ローズヒップティー ……………… 90ml
A｜甘酒（濃縮タイプ） …………… 100ml
　｜レモン果汁 ………………… 小さじ⅓

Point
型の表面を水でぬらすと取り出しやすくなります。ローズヒップティーは実ごと食べられるものを使用すれば、赤い粒々がアクセントになりかわいく仕上がります。
レシピ：檜澤千恵

1	皮と芯を取り除いたりんごをスライスし、保存袋に入れ、Aを加え空気を抜いて密封。冷蔵庫で一晩寝かせる。

2	漬け込んでおいた1をすべてフードプロセッサーに入れ、なめらかになるまで攪拌する。

3	ローズヒップティーを淹れ、冷ます（通常の倍の濃さ。ティーバッグの場合は1袋につき120mlの熱湯）。2にローズヒップティーを加え、さらに攪拌する。

4	アイスバーの型に流し入れ、冷凍庫で7～8時間凍らせかためる。まっすぐゆっくりと棒を引っ張り、型から取り出す。

15.
トマトとパプリカのムース風

抗酸化作用を持つリコピンを含むトマトと、美肌ビタミンのビタミンA・C・Eを豊富に含む赤パプリカを合わせたムースです。加熱はせず、栄養価を極力失わずにいただきます。

調理時間：20分

材料（4人分）
- トマト ……………………… 1個
- 赤パプリカ ………………… ½個
- バナナ ……………………… 80g
- A｜木綿豆腐 ……………… 100g
- 　｜甘酒（濃縮タイプ）…… 大さじ4
- レモン果汁 ………………… 大さじ2

【ソース】
- バルサミコ酢 ……………… 大さじ6
- 本みりん …………………… 大さじ3

【飾り】
- プチトマト ………………… 適量
- ミント ……………………… 適量

Point
とろみを出すために豆腐はよく水きりをしてください。ソースは焦げやすいので、よく混ぜながら加熱してください。目安は⅓になるまで。凍らせるとシャーベットとしても楽しめます。

レシピ：友松ゆい

1　下準備：豆腐を水きりする。
トマトは皮を湯むきし、赤パプリカ、バナナと一緒に一口大に切る。

2　ミキサーにトマト、赤パプリカ、バナナ、Aを加え、なめらかになるまで攪拌しムースにする。

3　レモン果汁を加えさらに攪拌し、冷蔵庫で冷やす。

4　鍋にソースの材料を入れ、とろみがつき1/3ほどの量になるまで弱火にかけ混ぜ続ける。器にムースを注ぎ入れ、ソース、プチトマトとミントをトッピングする。

16.
酒かすと山芋のチーズケーキ

アンチエイジング、疲労回復、滋養強壮効果の高い山芋を使用したチーズケーキです。
からだを冷やしてしまう砂糖は使いません。
酒かす・山芋・葛粉はからだを内側から温めてくれます。

調理時間:50分

材料(直径15cmのケーキ型1台分)
【クラスト】
A	オートミール	50g
	アーモンド	25g
	メープルシロップ	15ml
	米油	10ml
	塩	少々

【フィリング】
B	木綿豆腐	1丁(350g)
	カシューナッツ	80g
	山芋	80g
	メープルシロップ	80ml
	酒かす	20g
	レモン果汁	大さじ2
	ココナッツオイル	大さじ1(なくても可)
	葛粉	大さじ2

Point

クラストはなくてもおいしいので、よりヘルシーにされたい方は省いても。豆腐の水きりはしなくて大丈夫。高たんぱくな豆腐と、酒かすをかけ合わせて、ヘルシーかつ濃厚に仕上げています。

レシピ:福永祥子

1 | **下準備：オーブンを170℃に予熱する。** 山芋の皮をむいて適当な大きさにカットする。フードプロセッサーにAの材料をすべて入れ、細かくなるまで撹拌する。

2 | 1を型に敷き詰める。

3 | フードプロセッサーにBの材料をすべて入れ、なめらかになるまで撹拌する。

4 | 3を2の上から流し入れ、表面を平らにならす。170℃のオーブンで約40分焼き、冷蔵庫で冷やす。

17.
ブルーベリーの豆乳アイス

生クリームや卵、白砂糖を使わないヘルシーアイス。
抗酸化作用があるポリフェノールやビタミンCを多く含む
ブルーベリーで美肌効果も期待できます。

調理時間：15分

材料（4人分）
- ブルーベリー ………………… 100g
- バナナ ………………………… 40g
- 豆乳 …………………………… 150ml
- A 甜菜糖 ……………………… 30g
-   粉寒天 ……………………… 小さじ½
- ブルーベリー・ミント
  （トッピング用）……………… お好みの量

Point

冷やしている途中にスプーンの背で押しつぶしながら混ぜると、なめらかな食感に。腸の善玉菌のエサであるオリゴ糖が多く含まれる甜菜糖を使用した、やさしい口あたり。

レシピ：重本彩

| 1 | 下準備：ステンレスのバットを冷凍庫で冷やす。
バナナを適当な大きさにカットする。ミキサーにブルーベリー、バナナ、豆乳を入れよく混ざるまで攪拌する。 | 2 | 鍋に1を入れ、Aを加えて、泡立て器で混ぜながら加熱する（寒天を溶かすために一度沸騰させる）。 |

| 3 | 冷やしておいたステンレスのバットに2を流し込み、約1時間冷凍庫で冷やす。 | 4 | カチカチに凍りすぎないように15分おきにスプーンで混ぜる。容器に入れ、ブルーベリーとミントを添える。 |

18.
切り干し大根の
ブリスボール

ダイエットに効果的な、食物繊維、ビタミンB_1、B_2、鉄分、カリウムといった
栄養素が含まれる切り干し大根をふんだんに使用した、ボール状のお菓子です。

調理時間：15分

材料（4人分）
切り干し大根 ……………………………… 20g
ブランデー ………………………………… 大さじ1
カシューナッツ …………………………… 20g
アーモンド ………………………………… 20g
A｜ココナッツオイル（無香）…… 20ml
　｜メープルシロップ ………………… 20ml
　｜ココナッツファイン ……………… 20g
　｜ココアパウダー …………………… 20g

Point

切り干し大根特有の匂いはブランデーと一緒にウォータースチームすることで解消します。フードプロセッサーは小刻みに回転させ、刃についた食材を落としながら回してください。メープルシロップを増やすかココアパウダーを控えめにすると、お子様でも食べやすくなります。

レシピ：野崎由美子

| 1 | 切り干し大根はさっと洗い、水気を軽くしぼり鍋に入れる。大さじ2の水（分量外）、ブランデーを加え、水気がなくなりやわらかくなるまで弱火で蒸し煮し、冷ます。 | 2 | フードプロセッサーに、1、カシューナッツ、アーモンドを入れ、攪拌する。 |

| 3 | Aを加えさらに攪拌する。 | 4 | 生地がまとまったら小さじですくい同じ大きさに丸めて形を整え、冷蔵庫で冷やしかためる。お好みでココナッツファイン（分量外）をまぶす。 |

19.
バナナ豆乳ラッシー

食物繊維を多く含むバナナは
腸内環境を整えるオリゴ糖も豊富に含み、
食物繊維とオリゴ糖の相乗効果によって、
便秘解消も期待できます。

調理時間：5分

材料（4人分）
- バナナ ………………………… 2本
- A
  - 豆乳 …………………………… 400ml
  - 豆乳グルト …………………… 120ml
  - 甘酒（濃縮タイプ）………… 120ml
  - メープルシロップ ………… 大さじ2
- 氷 …………………………… 16個（約200g）

Point

氷を入れることで、冷たくさっぱりとした味わいになります。からだの内側から美しさをつくり、小腹が空いたときもすぐにできます。

レシピ：山口さき

1 バナナを適当な大きさにカットする。

2 ミキサーに1、Aを入れる。

3 なめらかになるまで攪拌する。

4 ミキサーに氷を追加し、なめらかになるまで攪拌する。

20.
黒ごまプリン

砂糖やシロップ類の代わりに、
発酵食品の本みりんと
甘酒を使った、
アンチエイジングが
期待できるスイーツです。

調理時間：25分

材料（4個分）
本みりん …………………… 100ml
A | 粉寒天 ………………… 小さじ½
　| 水 ……………………… 50ml
B | 豆乳 …………………… 400ml
　| 甘酒 …………………… 50ml
　| 米粉 …………………… 大さじ2
　| 塩 ……………………… 少々
黒練りごま ………………… 大さじ1
クコの実 …………………… 8個

Point

鍋は絶えず混ぜてください。粉寒天を煮溶かすため、とろみがつくまでしっかり火を入れましょう。1層目を冷やしかためる工程は8割ほどで大丈夫。残りの煮切り本みりんをかけて甘さを調節できます。
レシピ：前田美樹

1 鍋に本みりんを入れ、弱火にかける。ふつふつしてから5分ほどアルコールを飛ばしながら煮詰める。

2 別の鍋にAを入れ、ふやかす。さらにB、1で作った煮切りみりんのうち大さじ2を入れ、泡立て器でダマがなくなるまで混ぜる。

3 弱火にかけとろみがつくまで混ぜ続け、容器に半量を注ぎ入れる。

4 氷水を張ったバットに容器を入れ急冷する。3の残り半分が温かいうちに黒練りごまを入れてよく混ぜる。白と黒の2層になるように、上からさらに注ぎ入れて冷蔵庫で冷やしかためる。

21.
ビューティースティックバー

ビタミン、ミネラル、食物繊維が豊富に含まれる
ミューズリーを使って美肌や便秘解消を促します。
メープルシロップや甘酒の自然な甘味がうれしい、食べ応えのあるスティックバーです。

調理時間：15分

材料(20×16cmのバット1枚分)

A	ミューズリー(無添加)	100g
	アーモンド	30g
	ドライクランベリー(無添加)	30g
	パンプキンシード	10g
	黒ごま	大さじ1
B	メープルシロップ	大さじ2
	甘酒(濃縮タイプ)	大さじ1
	ココナッツオイル	大さじ1弱(10ml)
	粉寒天	小さじ1

Point

いろいろな種類のシードやドライフルーツが混ざったミューズリーがあればかんたんにできます。4の工程で、プレスが弱いとできあがり後に崩れてきますので、力強くプレスしましょう。

レシピ：三和文子

1 | アーモンドは細かく刻む。ボウルにAを入れ、泡立て器で軽く混ぜ合わせる。

2 | 鍋にBを入れ木べらで混ぜ合わせたら中火にかける。泡がぶくぶくとしたら弱火にし、さらに1分かき混ぜる。

3 | 2を1のボウルに回し入れ、全体になじむようにすばやくからめる。

4 | クッキングシートを敷いたバットに3を広げて平らにする。上からラップをかけ、手のひらでぎゅっとプレスする。冷蔵庫に1時間ほど入れてかためたら、包丁で好みの大きさに切り分ける。

22.
シナモンパンプキンようかん

便秘解消にぴったりの食物繊維がたっぷり含まれる
かぼちゃと寒天を使ったようかんです。
血行を促すビタミンEと
からだを温める作用のあるシナモンで、冷え対策にも効果的。

調理時間：20分

材料（15×12cmのバット1枚分）
かぼちゃ（皮、ワタ、種以外） …… 200g
A｜メープルシロップ ………… 小さじ2
　｜シナモンパウダー ……………… 少々
B｜水 ……………………………… 100ml
　｜粉寒天 …………………………… 2g
クコの実 ………………………………… 適量
パンプキンシード ……………………… 適量

Point

かぼちゃと粉寒天を混ぜるときは少しずつ加えながら混ぜるときれいに仕上がります。ほくほくの甘いかぼちゃが手に入ったら、メープルシロップなしで試してください。
レシピ：瀬川陽子

1　かぼちゃは皮をむいて粗みじんに。

2　鍋に鍋底3mm程度の水（分量外）、1、ひとつまみの塩（分量外）を加え、ふたをしてやわらかくなるまで弱火で蒸し煮にする。

3　フードプロセッサーに2、Aを加えなめらかになるまで攪拌する。

4　鍋にBを入れ、溶けるまで弱火で加熱する。

5　ボウルに3を入れ、4を少しずつ加えてよく混ぜ合わせる。

6　型に流し入れたらクコの実とパンプキンシードをトッピングして冷ます。

23.
豆乳レアチーズケーキ

豆乳のたんぱく質は、血中コレステロール値を下げる働きがあります。
大豆サポニンは活性酸素の発生を抑制し、アンチエイジングに効果的です。

調理時間：25分

材料（2人分）

A	豆乳	400ml
	レモン果汁	40ml
B	酒かす	20g
	アーモンドミルク	80ml
	甜菜糖	40g
	ローカカオバター	10g
C	葛粉	20g
	水	100ml
	ディサローノアマレット	20g
	季節の果物	適量
	ミント	適量

Point
3の工程では沸騰する直前で火を止めてください。
レシピ：丹後典子

| 1 | 下準備：ボウルでAを混ぜ合わせ、キッチンペーパーで水抜きを半日行い、豆乳チーズを作る。 | 2 | 鍋にBを入れ、泡立て器で酒かすを崩しながらよく混ぜ合わせる。 | 3 | 1、ローカカオバターを順に加え、そのつど混ぜ合わせ、火にかけ沸騰する直前まで泡立て器で混ぜ、火をとめる。 |

| 4 | 別のボウルでCをダマがなくなるまでしっかり混ぜる。 | 5 | 3に4を少しずつ入れ、絶えず混ぜながらとろみがつくまで加熱する。弱火に落として30秒ほど混ぜ続ける。 | 6 | ディサローノアマレットを加えて混ぜ、お好みの容器に流し入れ冷蔵庫で冷やしかためる。季節の果物、ミントをトッピングする。 |

24.
ごぼうのソフトクッキー

食物繊維豊富なごぼう、
ココアパウダー、きなこが入った便秘解消に効果的な一品。
また、ポリフェノールも摂取できるので、
アンチエイジング効果も期待できます。

調理時間：35分

材料（4人分）
ごぼう	40g
米粉	40g
アーモンドプードル	20g
ココアパウダー	大さじ1
片栗粉	大さじ1
きなこ	大さじ1
ココナッツオイル	大さじ2
メープルシロップ	大さじ1
塩	ひとつまみ

Point

一般的なココアクッキーと比べて、小麦粉やバター、卵を使用していないので、カロリーや脂質は約20%減、食物繊維やポリフェノールは約1.5倍増。食べ応えのあるヘルシークッキーです。

レシピ：佐野裕香

1 | 材料を揃える。ごぼうは土を洗い落とし、すりおろす。

2 | ボウルにすべての材料を入れ、ひとまとまりになるまでゴムべらで切るようによく混ぜる。

3 | 8等分にしてまるめる。

4 | 手のひらで上から押さえつけ、170℃のオーブンで20分ほど焼く。

inner beauty diet　　　　　　　　　　　　　　　　　　　Column.2

おやつは
メリハリが大事

お菓子っておいしいですよね。
私も小さいころから大好でした。
もちろん、今でも大好きです。

IBDでは「メンテナンスこそが大切」と繰り返し伝えています。
食べて太る、のではなく、食べてそのままからだを放置することで
太ってしまうのです。
食べすぎた翌日は、食事でケアをしていきましょう♪

お菓子を食べて「幸せ」と思う気持ちは
決して悪いことではありません。
だからこそ、その中で「少しでもからだに負担のないもの」を
選択できたら幸せですよね。
まずは、白砂糖が入っていないもの、添加物が入っていないもの、
できるだけシンプルなものを選択していきましょう。

特にメンテナンスが必要な日は、「デトックス」を意識してください。
有効な食材は、玉ねぎ、大根、青菜、海藻類、酢、きのこ類。

頭文字をとって「ただ、赤好き」と覚えるのはいかがでしょう？

Part. 3

(Vegetables)

大地の恵みとともに
ベジおやつ

IBDでは、旬を意識し、季節の食べ物を
おいしくいただくことを提唱しています。
素材の味を活かした野菜を使ったレシピは、
ほんのりとした甘さが口の中に広がります。

25.
アボカドとバナナの濃厚アイス

バナナと甘酒の甘味で作るヘルシーアイス。
強い抗酸化作用のあるビタミンEを多く含み、
森のバターとも呼ばれるアボカドを入れることで
濃厚な味わいに。

調理時間：10分

材料（4人分）

アボカド	160g
バナナ	160g
豆乳	240ml
甘酒（濃縮タイプ）	160ml
レモン果汁	小さじ2
バニラエキストラクト	少々

Point

バナナは完熟しているものを使用してください。3の工程でかたまりすぎてしまった場合は、室温に少し置き、やわらかくしてから攪拌してください。アボカドはカリウムを多く含むため、むくみ解消効果も期待できます。

レシピ：生田目恵里

| 1 | アボカド、バナナをカットする。 | 2 | フードプロセッサーにすべての材料を入れ、なめらかになるまで攪拌し、冷凍庫で3時間ほど冷やす。 |

| 3 | 再び攪拌し、冷凍庫で3時間以上冷やす。 | 4 | 食べる直前にもう一度フードプロセッサーで攪拌し、器に盛りつける。 |

26.
にんじんケーキと2色のベジクリーム

野菜が苦手なお子様も喜ぶ人気のベジケーキ。
ウォータースチームで野菜の甘さを引き出しました。

調理時間：45分

材料（18cmのスクエア型1台分）

【ケーキ】
A
- 米粉 ……………………… 160g
- アーモンドプードル ……… 40g
- 甜菜糖 …………………… 大さじ2
- ベーキングパウダー
   …………………………… 小さじ2

B
- 塩 ………………………… ひとつまみ
- にんじん（乱切り） ……… 150g
- メープルシロップ ………… 1/2カップ
- 米油 ……………………… 1/2カップ
- 豆乳 ……………………… 1/2カップ弱
- バニラエキストラクト
   …………………………… 小さじ1/2
- シナモンパウダー ……… 4〜5ふり

【クリーム】
- 木綿豆腐 ………………… 1丁（300g）

【パプリカの黄色いクリーム】
C
- 黄パプリカ ……………… 75g（正味）
- 甜菜糖 …………………… 大さじ2
- ココナッツオイル ………… 大さじ1
- バニラエキストラクト
   …………………………… 小さじ1/2

【にんじんのオレンジ色のクリーム】
D
- にんじん ………………… 75g
- 甜菜糖 …………………… 大さじ2
- ココナッツオイル ………… 大さじ1
- バニラエキストラクト
   …………………………… 小さじ1/2

Point

型に合わせてクッキングシートを敷いてください。2のフードプロセッサーは、豆乳が泡立つように必ず3分以上。豆腐は前日から水きりするとくせが少ないクリームができます。クリームは食べる直前に盛りつけましょう。

レシピ：大平美弥子

| 1 | 下準備：木綿豆腐を水きりして、オーブンを180℃に予熱する。ボウルにAを入れ泡立て器で混ぜ合わせる。 | 2 | フードプロセッサーにBを入れ3分以上攪拌したら、1のボウルに入れ、泡立て器でよく混ぜ合わせる。 | 3 | 型に流し込みオーブンで30分焼く。つまようじを刺して何もついてこなければラップをかけて冷ます。完全に冷めたらお好みの形に切る。 |

| 4 | 鍋に大さじ2の水（分量外）、一口大に切った黄パプリカ、ひとつまみの塩（分量外）を入れ、ふたをしてやわらかくなるまで弱火で蒸し煮する。 | 5 | フードプロセッサーに豆腐半丁（150g）とCを入れ3分間攪拌する。終わったらボウルに移して冷蔵庫で冷やす。残った豆腐半丁とDも同様に攪拌して冷やす。 | 6 | にんじんケーキにクリームを挟んで盛りつける。 |

27.
バジルとガーリックのセイボリー

セイボリーとは食後や食間に食べるスナックのこと。
にんにくを入れてパンチを効かせ、
第4の穀物とも呼ばれるソルガム粉（有機たかきび粉）を使った甘くないおやつです。

調理時間：40分

材料（約15枚分）

A	米粉	60g
	葛粉	25g
	ソルガム粉	15g
	バジルパウダー	大さじ1
	コショウ	小さじ½
	塩	ひとつまみ
B	米油	40ml
	豆乳	30ml
	すりおろしにんにく	1かけ（5g）

Point
甘いものが苦手な方にも、おつまみとしておすすめです。
レシピ：康麻衣

1 下準備：オーブンを160℃に予熱する。
ボウルにAを入れ、泡立て器でよく攪拌する。

2 別のボウルにBを入れ、よく混ぜなめらかにし、さらに1のボウルに入れて混ぜ合わせる。

3 できた生地を厚さ4mmにのばして型で抜く。

4 クッキングシートを敷いた天板に並べ、160℃のオーブンで13分焼き、アルミホイルをかぶせ、さらに10分焼く。

28.
レンコンのスクエアケーキ

見た目にもかわいいおもてなしケーキ。
食物繊維豊富なレンコンを使うことで、便秘解消。葛粉もからだを芯から温めてくれます。
レンコンが混ざったシャキシャキとした生地の食感を楽しんでください。

調理時間：60分

材料（18cmのスクエア型1台分）

レンコン
（細目・直径約4〜5cm）
………………………… 150g強

A 米粉 ……………………… 120g
　アーモンドプードル … 75g
　葛粉 ……………………… 30g
　ベーキングパウダー
　　　　　　小さじ1・1/2(7.5g)
　塩 ………………… ひとつまみ

B 甜菜糖 …………………… 55g
　りんごジュース ……… 75ml
　豆乳 …………………… 90ml
　レモン果汁 …………… 少々

米油 ………………………… 30ml
バニラエキストラクト
　　　　　　 適量（8ふり目安）
レーズン …………………… 30g
くるみ ……………………… 15g

Point

太いレンコンの場合はトッピング用の輪切りを半円に切ってもOK。レンコンとくるみの歯応えで満足感が得られます。また、レンコンに含まれるビタミンCの抗酸化作用やムチンの粘膜保護作用で、かぜの予防が期待できます。

レシピ：檜澤千恵

1 レンコンを輪切りと細切りにする。	**2** ボウルにAを入れ、泡立て器で混ぜる。	**3** 別のボウルにBを入れ泡立て器で混ぜ、米油を加えさらに混ぜる。
4 2に3を入れてよく混ぜ合わせる。	**5** レンコン（細切り）、バニラエキストラクト、くるみ、レーズンを加えて、さっくりと混ぜる。	**6** 型に流し込み、レンコン（輪切り）と残りのレーズンをのせ、180℃のオーブンで40〜45分焼く。

29.
ほっこり
かぼちゃぜんざい＆豆腐白玉

ポリ袋を使ってお手軽に作れる和のおやつです。
かぼちゃには若返りビタミンと呼ばれるビタミンEが
デーツには豊富な水溶性食物繊維が含まれ、腸内環境を整えてくれます。

調理時間：30分

材料（4人分）
【かぼちゃぜんざい】
かぼちゃ（皮、ワタ、種以外） …… 200g
ココナッツミルク …… 150ml
デーツ（種なし） …… 40g
水 …… 50ml
【豆腐白玉】
絹ごし豆腐 …… 80g
白玉粉 …… 50g

Point

ポリ袋を使うので洗い物が増えません。5のフードプロセッサーはなめらかになりとろみが出るまで撹拌してください。少量の水で蒸すウォータースチームをすることで、かぼちゃの甘味を引き出しています。
レシピ：前田梨江

郵便はがき

150-8482

東京都渋谷区恵比寿4-4-9
えびす大黒ビル
ワニブックス 書籍編集部

お手数ですが
切手を
お貼りください

―――― お買い求めいただいた本のタイトル ――――

本書をお買い上げいただきまして、誠にありがとうございます。
本アンケートにお答えいただけたら幸いです。
ご返信いただいた方の中から、
抽選で毎月5名様に図書カード（500円分）をプレゼントします。

ご住所　〒
TEL（　　　－　　　－　　　）
（ふりがな） お名前
ご職業　　　　　　　　　　　年齢　　　歳 　　　　　　　　　　　　　　性別　男・女

いただいたご感想を、新聞広告などに匿名で
使用してもよろしいですか？　（はい・いいえ）

※ご記入いただいた「個人情報」は、許可なく他の目的で使用することはありません。
※いただいたご感想は、一部内容を改変させていただく可能性があります。

● この本をどこでお知りになりましたか?(複数回答可)
1. 書店で実物を見て　　　　　2. 知人にすすめられて
3. テレビで観た(番組名:　　　　　　　　　　　　　)
4. ラジオで聴いた(番組名:　　　　　　　　　　　　)
5. 新聞・雑誌の書評や記事(紙・誌名:　　　　　　　)
6. インターネットで(具体的に:　　　　　　　　　　)
7. 新聞広告(　　　　　新聞)　8. その他(　　　　　)

● 購入された動機は何ですか?(複数回答可)
1. タイトルにひかれた　　　　2. テーマに興味をもった
3. 装丁・デザインにひかれた　4. 広告や書評にひかれた
5. その他(　　　　　　　　　　　　　　　　　　　)

● この本で特に良かったページはありますか?

● 最近気になる人や話題はありますか?

● この本についてのご意見・ご感想をお書きください。

以上となります。ご協力ありがとうございました。

| 1 | ポリ袋に絹ごし豆腐、白玉粉を入れ、手で揉むように混ぜる。 | 2 | 粉っぽさがなくなったら一口大にまとめ、熱湯に入れる。 | 3 | 鍋に白玉が浮き上がってきたら白玉を取り出し、冷水を張ったボウルに入れる。 |

| 4 | 鍋に鍋底3mmほどの水（分量外）、一口大に切ったかぼちゃ、ひとつまみの塩（分量外）を入れ、ふたをし弱火でやわらかくなるまで蒸し煮する。 | 5 | フードプロセッサーに4、デーツ、ココナッツミルクを入れ混ぜる。全体がなめらかになったら水を加えさらに混ぜる。 | 6 | 鍋に入れ温め、器に盛りつけ、3の白玉をのせる。 |

30.
里芋とオクラの抹茶ジェラート

芋類の中でも一番カロリーが低い里芋とオクラを使った抹茶ジェラート。
ネバネバ成分であるムチンで
もちっとなめらかな舌触りの野菜ジェラートに仕上げました。

調理時間：15分

材料（4人分）
- 里芋 ……………………………… 100g
- オクラ …………………………… 2本
- 木綿豆腐 ………………………… 60g
- デーツ（種なし） ……………… 4個
- 酒かす …………………………… 30g
- 白味噌 …………………………… 30g
- ココナッツミルク …………… 大さじ4
- レモン果汁 ……………………… 数滴
- 抹茶 …………………………… 小さじ2

Point

フードプロセッサーにかけすぎると溶けてしまうので注意してください。デーツの量でお好みの甘さに調整できます。トッピングで抹茶をふりかけると雰囲気が出ます。
レシピ：友松ゆい

1　**下準備：豆腐を水きりする。**
里芋の皮をむき、やわらかくなるまでゆでる。同時にオクラもゆでて輪切りにして冷ます。

2　フードプロセッサーにすべての材料を加えて、なめらかになるまで攪拌する。

3　バットに 2 を入れ、冷凍庫に入れて3時間以上冷やしかためる。

4　再びフードプロセッサーに入れなめらかになるまで攪拌して、器に盛りつける。

31.
いちごと長芋クリームのタルト

クリームに発酵調味料を使用した酸味豊かなクリームタルトです。酒かすにはからだの中の老廃物を吸着して排泄する働きのある"レジスタントプロテイン"が多く含まれています。

調理時間：60分

材料（直径15cmのタルト型1台分）

【タルト生地】
- A 豆乳 ……………………… 15ml
  - ココナッツオイル（湯せんし溶かす） …… 20ml
  - 甜菜糖 …………………… 20g
- 米粉 ……………………… 60g
- アーモンドプードル ……… 40g
- 塩 ………………………… 少々

【クリーム】
- 木綿豆腐 ………………… 100g
- 長芋（すりおろす） ……… 60g
- 酒かす …………………… 24g
- 甘酒（濃縮タイプ） ……… 60ml
- 白味噌 …………………… 10g
- 葛粉 ……………………… 10g
- いちご …………………… 80g
- レモン果汁 …………… 小さじ1

【飾り】
- いちご …………………… 適量

Point
オーブンを170℃に予熱して、タルト型に油（分量外）を塗りましょう。豆腐は水きりを。できあがってから一晩寝かせると、いちごのクリームがタルト生地に染み込みしっとりします。

レシピ：松岡佑美

| 1 | ポリ袋にAを入れ甜菜糖が溶けるまで袋の上から揉む。さらにタルト生地の残りの材料を入れ粉っぽさがなくなるまで揉み込む。 | 2 | 型に平らになるように押し入れ、底にフォークで膨らみ防止の穴を開ける。170℃のオーブンで14分焼く。 | 3 | フードプロセッサーに、いちご以外の【クリーム】の材料を入れ、なめらかになるまで攪拌する。 |

| 4 | いちごを入れさらに攪拌し、2のタルト生地の上に流し入れる。 | 5 | 表面が焦げ付かないようにアルミホイルを上にかぶせ、170℃のオーブンで30分焼く。 | 6 | 粗熱がとれたら冷蔵庫で20分以上冷やし、いちごを盛りつける。 |

32. 豆乳かぼちゃプリン

抗酸化作用のあるβカロテン、ビタミンC、
ビタミンEを含むかぼちゃを使ったプリンです。
メープルシロップや天然発酵甘味料の甘酒を少量使い、
かぼちゃの持つ本体の甘味を引き立たせました。

調理時間：20分

材料（150mlの容器4個分）
かぼちゃ（種ワタを取り除いた分量）
　　　　　　　　　　　　　　　300g
A　豆乳 ……………………… 150ml
　　メープルシロップ … 大さじ1
　　甘酒 …………………… 大さじ1
　　バニラエキストラクト
　　　　　　　　　　　　　小さじ½
B　塩 ……………………… ひとつまみ
　　豆乳 ……………………… 150ml
　　粉寒天 ………………… 小さじ½
【飾り】
メープルシロップ ………… 適量
パンプキンシード ………… 適量

Point

3で沸騰させると豆乳が分離してしまうため、火加減には注意してください。皮にはβカロテンや食物繊維が豊富に含まれるため、摂取したい場合は皮をむかずまるごと使いましょう。

レシピ：三和文子

1 | かぼちゃを2cm角に切る。鍋に、大さじ2の水（分量外）、かぼちゃ、ひとつまみの塩（分量外）を入れふたをし、やわらかくなるまで弱火で蒸し煮する。

2 | フードプロセッサーに入れ、Aを加え、なめらかになるまで攪拌する。

3 | 鍋にBを入れ泡立て器でよくかき混ぜながら中火にかけ、沸騰する直前で弱火にし、さらに1〜2分かき回す。

4 | 3を2のフードプロセッサーに入れ、攪拌する。容器に移し、冷蔵庫で20分ほど冷やしかためたら、メープルシロップをかけ、パンプキンシードを飾る。

33.
小松菜グリーンカップケーキ

小さなお子様でも野菜がとれるよう小松菜を細かくして混ぜ込んだカップケーキです。
小松菜はクロロフィル、葉酸、カルシウムも含み、
成長期のお子様や美肌力を高めたい方におすすめです。

調理時間:30分

材料(4個分)

小松菜		40g
豆乳		50ml
A	米粉	100g
	白すりごま	10g
	ベーキングパウダー	小さじ1
	重曹	小さじ½
B	米油	40ml
	甜菜糖	40g
	レモン果汁	20ml

Point

白ごまは便秘解消にも効果的です。このままパンケーキにしていただいても◎。ベーキングパウダーは水分に反応して膨らみはじめるので、混ぜたらすばやく焼くようにしてください。

レシピ:福永祥子

1 下準備：オーブンを170℃に予熱する。
ボウルにAを入れ混ぜる。

2 フードプロセッサーにざく切りにした小松菜、豆乳を入れなめらかになるまで攪拌する。

3 1のボウルにBを入れて泡立て器でよく混ぜ、さらに2を入れ攪拌する。

4 型に9分目くらいまで入れ、170℃のオーブンで15〜20分焼く。

34. 大根おからマフィン

便秘解消も期待できる低糖質マフィンです。
食物繊維が豊富な大根おろし、おからパウダーを生地に加え、味噌やみりん、
シナモンを入れることで、野菜のくせを消し食べやすいスイーツに仕上げました。

調理時間：35分

材料（4個分）

A	米粉	60g
	おからパウダー	10g
	アーモンドプードル	20g
	ベーキングパウダー	小さじ1

B	シナモンパウダー	少々
	甜菜糖	20g
	本みりん	20ml
	米油	25ml
	味噌	10g
	大根おろし	50g
	水	20ml

Point

おからパウダーの代わりに同量の大豆粉を加えると、よりしっとり感が増します。レーズンやナッツをのせて焼いても◎。大根おろしはすりおろしたにんじんでも代用できます。

レシピ：元持有梨

1 下準備：オーブンを160℃に予熱して、マフィン型にカップを敷く。
ボウルにAを入れて泡立て器でよく攪拌する。

2 別のボウルにBを入れ、泡立て器でよく混ぜる。

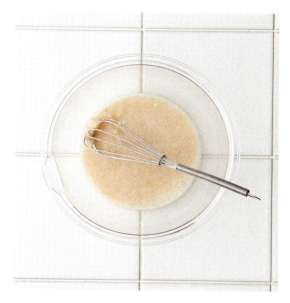

3 1と2を合わせ、つやが出るまで1分ほどよくかき混ぜる。

4 時間をおかずに型に流し入れ、160℃のオーブンで25〜30分焼く。

35.
ビーツといちごの真っ赤なパンケーキ

あざやかなピンクがかわいらしいパンケーキの秘密は、抗酸化力の高いビーツ。
甘味も含み、満足度も高い
コントラストが華やかな一皿です。

調理時間：30分

材料（直径8cm程度8枚分）
【パンケーキ】
A 米粉 ……………………… 90g
　葛粉 ……………………… 30g
　おからパウダー ………… 25g
　甜菜糖 …………………… 45g
　ベーキングパウダー
　　　　　………………… 小さじ1・½
　ストロベリーパウダー
　　（フリーズドライ）…… 大さじ1
　塩 ……………………… ひとつまみ
　ビーツ（厚さ2〜3mmのいちょう切り）
　　　　　………………… ½個（90g）
　豆乳 ……………………… 290ml
　米油 ……………………… 大さじ3

【ココナッツミルクソース】
B ココナッツミルク …… 70ml
　豆乳 ……………………… 100ml
　メープルシロップ
　　　　　………………… 大さじ1・½
　米粉 ……………………… 大さじ1・½
　塩 ………………………… 少々

Point

ビーツを使ったあざやかな色味で見た目も満足。おからパウダーを使うことで、不足しがちな食物繊維も摂ることができます。ビーツはポリフェノールを含むため老化予防に効果的です。

レシピ：瀬川陽子

1 【ココナッツミルクソース】Bの材料を鍋に加えよく混ぜる。かき混ぜながら弱火にかけ、とろみがついたら火からおろす。

2 【パンケーキ】別の鍋に大さじ2の水（分量外）とビーツを入れ、ひとつまみの塩（分量外）をふり、ふたをしてしんなりするまで弱火で蒸し煮する。

3 ボウルにAの材料入れ、泡立て器でよく混ぜる。

4 2をフードプロセッサーでなめらかになるまで攪拌する。そこに豆乳、米油を加えて、なめらかになるまで攪拌し、ボウルに移す。

5 4を3に少しずつ加えてさらに混ぜ合わせる。

6 米油（分量外）をひいたフライパンを熱し、ぬれ布巾の上で一度冷ましてから5を焼く。生地の周りが乾いて表面がふつふつとしてきたらひっくり返す。パンケーキを皿にのせ、ソースをかける。

36.
かぼちゃマフィン

βカロテン、ビタミンE、食物繊維が豊富で栄養価の高いかぼちゃを使った、黄色があざやかなマフィンです。朝ごはんや子どものおやつにぴったり。パウンド型で焼いてパウンドケーキにしても◎

調理時間：40分

材料（4個分）

かぼちゃ（種ワタを取り除いた分量）
　　　　　　　　　　　　　　　60g
- A
  - 豆乳 ……………………… 80ml
  - 米油 ……………………… 25ml
  - メープルシロップ … 大さじ1・½
  - レモン汁 ……………… 小さじ⅔
  - 塩 ……………………… ひとつまみ
- B
  - 米粉 ……………………… 75g
  - アーモンドプードル ……… 20g
  - 片栗粉 …………………… 15g
  - 甜菜糖 …………………… 20g
  - ベーキングパウダー …… 小さじ1
  - 重曹 …………………… 小さじ¼

パンプキンシード ……………… 4個

Point

オーブンを170℃に予熱して、マフィン型にカップを敷いてください。粉類と液体類を合わせたら時間を置かずにすばやくオーブンに入れ焼きはじめてください。泡立て器で混ぜながら渦の跡が残るくらいの、もったりとした重めの生地が理想です。

レシピ：前田美樹

1 鍋に深さ2〜3mmの水（分量外）と一口大に切ったかぼちゃ、ひとつまみの塩（分量外）を入れ、ふたをし弱火でやわらかくなるまで蒸し煮する。

2 フードプロセッサーに水気をきったかぼちゃとAを入れ、ムラなく混ざるまでよく攪拌し、ボウルに移す。

3 別のボウルにBを入れ、泡立て器で混ぜ、2のボウルに加え、すばやくしっかり混ぜ合わせる。

4 型に流し込み、パンプキンシードをひとつずつのせ、170℃のオーブンで20分ほど焼く。

37. トマトのブランマンジェ

美肌効果のあるビタミンC、老化を抑制するビタミンE、腸内環境を整える食物繊維などをバランス良く含んだトマトをとびきりのデザートに仕上げました。

調理時間：20分

材料（150mlの容器4個分）

【トマトソース】
A
- トマト ……………… 大1個（約150g）
- 甜菜糖 ……………… 大さじ1〜2
- 米粉 ………………… 大さじ½
- レモン果汁 ………… 小さじ½

【ブランマンジェ】
B
- 豆乳 ………………… 360ml
- ココナッツミルク …… 100ml
- トマトソース（上記） … 50ml
- 粉寒天 ……………… 小さじ⅓
- 米粉 ………………… 15g
- 甜菜糖 ……………… 50g

【トッピング】
- ミニトマト ………… 2個
- チャービル ………… 適量

Point

3の工程では、泡立て器で絶えず混ぜることが、ダマにならずなめらかな食感に仕上げるコツです。ふつふつとした状態を維持することで、粉寒天を完全に溶かしてください。

レシピ：伊藤けいこ

| 1 | フードプロセッサーにAを入れ攪拌する。 | 2 | 鍋に移し、混ぜながらとろりとするまで火にかけトマトソースとする。 |

| 3 | 別の鍋にBを入れ泡立て器で混ぜながら火にかける。トマトソース（50ml）を加え、ゴムべらで絶えず混ぜながらふつふつとした沸騰状態を2〜3分保ち、粉寒天が溶けたら火をとめ、粗熱をとる。 | 4 | 3を容器に流し入れ、冷蔵庫で冷やしかためる。仕上げに残りのトマトソースをかけ、ミニトマト、チャービルを飾る。 |

38.
アイシングクッキー

着色料不使用、ナチュラルな素材で
ポップな色みが楽しめるアイシングクッキー。
グルテンフリーのサクサクとしたクッキー生地に
かわいいアイシングクリームを塗れば、
プレゼントにも喜ばれます。

調理時間：40分

材料（約25枚分）

A	米粉	100g
	アーモンドプードル	20g
	甜菜糖	20g
	塩	ひとつまみ
B	ココナッツオイル（無香）	45ml
	豆乳	45ml

【アイシングクリーム】

甜菜糖	150g
冷凍ラズベリー	25g（6〜8粒）
冷凍マンゴー	25g（5〜7切れ）
生バジル	5g
レモン果汁	適量

Point

生地は米粉と甜菜糖でヘルシーに仕上げ、アイシングも果物やバジルを使用すれば、色あせしづらくカラフルに仕上がります。アイシングクリームはスジが4〜5秒で消えるかたさに調節してください。

レシピ：野崎由美子

| 1 | 下準備：オーブンを170℃に予熱する。ビニール袋にAを入れ混ぜる。 | 2 | ボウルにBを入れ泡立て器で混ぜる。 | 3 | 2を1に加え、もったりとひとかたまりになるまで揉み込む。 |

| 4 | めん棒で厚さ4～5mmくらいにのばし、冷蔵庫で10分ほど冷やす。 | 5 | 型を抜いて170℃のオーブンで20～25分焼き、冷ます。 | 6 | 茶こしで甜菜糖をこす。 |

| 7 | 冷凍のラズベリー、マンゴーを解凍して、それぞれ茶こしでこす。 | 8 | 生バジルを包丁で細かく刻み、6を小さじ1加えてこし、レモン果汁でのばす。 |

| 9 | 7と8それぞれに6を少しずつ足して混ぜ合わせる。 | 10 | 5のクッキー生地に9を木べらなどでのばすように塗り、半日ほど乾燥させる。 |

Part.

4

(Japanese)

日本人だからこそ作って食べたい
和スイーツ

日本人が昔から好んだ飾らない甘さ。
見て、食べて、心からほっとする甘味があります。
和菓子とはひと味違う工夫を凝らした、
和スイーツをお召し上がりください。

39.
パンケーキと抹茶ホイップクリーム

植物性食材だけで作る、ふわふわの
グルテンフリーパンケーキ。
やさしい緑の抹茶クリームは、
ひと手間加えるだけで、
まるでホイップクリームのよう。

調理時間：30分

材料（直径8cm程度6枚分）
【パンケーキ】

A	米粉	120g
	アーモンドプードル	40g
	ベーキングパウダー	2g
B	豆乳	100ml
	水	40ml
	甜菜糖	25g
	甘酒（濃縮タイプ）	10ml
	塩	ひとつまみ

米油 ……………………………… 15ml

【ホイップクリーム】
ココナッツミルク ……………… 1缶（400ml）
メープルシロップ ……………… 大さじ1
抹茶パウダー …………………… 小さじ1
塩 ………………………………… ひとつまみ

Point

ココナッツミルクを一晩冷蔵庫で冷やし、クリーム層と液体層に分離させる。ココナッツミルクは増粘剤フリーのものを使ってください。ココナッツミルクに含まれる脂質は酸化しにくく、体内に蓄積されにくいのでダイエットにおすすめです。

レシピ：丹後典子

| 1 | 【ホイップクリーム】ココナッツミルクのクリーム層のみを取り出し、ボウルに入れる。メープルシロップ、抹茶パウダー、塩を入れ、ハンドミキサーでふわふわになるまで泡立てる。 | 2 | 冷蔵庫で冷やす。 | 3 | 【パンケーキ】ボウルにAを入れ、泡立て器でダマがなくなるまで混ぜる。 |

| 4 | 別のボウルにBを入れ泡立て器で混ぜる。 | 5 | 4に米油を少量ずつ加えながら混ぜ、1を加えしっかり攪拌する。 | 6 | 油（分量外）をひいたフライパンを熱し、直径8cmになるように生地を流し入れ、弱火で両面を焼く。ホイップクリームをかけて、お好みで抹茶パウダーをふる。 |

40.
レンズ豆餡のきんつば

黒糖のような甘味を持つデーツで、砂糖なしのヘルシーなあんこを。
鉄分豊富で貧血防止に効果的。糖質代謝のビタミンB_1が豊富な、
ダイエットの味方・レンズ豆を使いました。

調理時間：40分

材料（4個分）
【レンズ豆餡】
レンズ豆	50g
りんご	1/4個
デーツ（種なし）	2個
塩	ひとつまみ

A
片栗粉	大さじ1
米粉	大さじ1・1/2
甜菜糖	小さじ1/4
豆乳	大さじ1・1/2
米油	適量
黒ごま	適量

Point

りんごを薄切り、デーツをみじん切りにしておいてください。レンズ豆は浸水不要、約15分ほどでやわらかくゆで上げることができます。成形できるくらいの硬さまで、3で火にかけ練り上げましょう。

レシピ：友松ゆい

1 鍋にレンズ豆と水300ml（分量外）を入れ、やわらかくなるまでゆでて水気をよくきる。	**2** 別の鍋に大さじ2の水（分量外）と薄切りにしたりんご、ひとつまみの塩（分量外）を加え、ふたをして弱火で蒸し煮にする。	**3** フードプロセッサーに1、2、デーツを加え、りんごの形がなくなるまで攪拌する。鍋に移し、水分が抜けて餡の状態になるまで、混ぜながら弱火にかける。

4 粗熱がとれたら四角形に成形する。	**5** ボウルでAをよく混ぜ、成形した4をくぐらせ表面に薄くまとわせる。	**6** 片面に黒ごまをちらし、薄く米油をひいたフライパンで崩さないように両面を焼く。

41.
デーツで作る桜餅

デーツは食物繊維が豊富で腸にやさしく、
カリウムなどのミネラルも豊富。
黒糖のような上品な甘さと素材の持つうま味を楽しんでください。

(調理時間：90分)

材料（4人分）
【デーツ餡】
小豆	50g
デーツ（種なし）	50g
水	600ml
塩	ひとつまみ

【桜餅】
いちご	8〜10粒
道明寺粉	200g
桜の葉の塩漬け	8枚
水	200ml

Point

桜の葉の塩漬けはさっとすすいで、水気をきっておいてください。すりおろしたいちごは茶こしなどでこしてから加えると色ムラなくきれいに仕上がります。2の工程で鍋の水分がなくなったら水100〜200mlほど追加してください。

レシピ：小泉翔子

1　【デーツ餡】
鍋に水200ml、水洗いした小豆を入れ沸騰させる。沸騰後強火で5分ほどゆでて、ざるにあげて水で洗う（アク抜き）。

2　再度、鍋に水200ml、1を入れふたをし強火にかけ、沸騰したら弱火で40分ほど煮る。小豆の芯がやわらかくなったら、みじん切りしたデーツ、塩を入れ煮汁がなくなるまで弱火で煮て混ぜ合わせる。

3　【桜餅】
別の鍋に水、すりおろしたいちごを入れ、ふたをして火にかけ、沸騰したらとめる。

4　道明寺粉を一気に入れ、木べらで色が均一になるようにすばやくしっかり混ぜる。ふたをして中までやわらかくなるまで15分ほど蒸らす。

5　ラップの上で生地をのばし餡をのせる。

6　ラップで包んで形を整え、桜の葉の塩漬けを巻く。

42. ほうじ茶＆抹茶のおからティラミス

栄養バランスにすぐれたおからをスポンジに見立て、
豆腐やバナナ、酒かすなどを使用しました。
混ぜるだけで完成するかんたんティラミスです。

調理時間：20分

材料（150mlの容器4個分）

【コーヒーシロップ】
- A インスタントコーヒー ………… 大さじ2
- 甜菜糖 ………… 大さじ2
- 湯 ………… 80ml

【おからのスポンジ】
- B おからパウダー ………… 100g
- オートミール ………… 50g
- アーモンド ………… 20g
- ラム酒 ………… 大さじ1

【ほうじ茶豆腐クリーム】
- C 絹ごし豆腐 ………… 250g
- ほうじ茶（粉末タイプ） ………… 大さじ1
- バナナ ………… 30g（⅓本）
- 酒かす ………… 小さじ2
- メープルシロップ ………… 大さじ2
- レモン果汁 ………… 小さじ1
- 塩 ………… ひとつまみ

抹茶パウダー ………… 適量
ドライクランベリー（無添加のもの） ………… 適量

Point

絹ごし豆腐を水きりし、アーモンドを細かく刻んでおいてください。豆腐の水きりをしっかりすると、ほど良い硬さのクリームに仕上がります。インスタントコーヒーの種類で濃さが変わるため、量を調整しながら入れてください。

レシピ：三和文子

1
ボウルにAを入れ混ぜる。

2
フライパンにBのおからパウダーを入れ、水分がなくなるまで中火で乾煎りする。

3
アーモンドは軽く砕いておく。2とBの残りの材料を1のボウルに入れ、よく混ぜ合わせる。

4
フードプロセッサーにCを入れ、なめらかになるまで攪拌しクリームを作る。器にクリームと3のスポンジを交互に盛りつけて、最後に茶こしを使って抹茶パウダーを表面にふり、クランベリーを飾る。

43.
豆乳メレンゲの米粉シフォンケーキ

米粉でふわっと作るのは難しいといわれていますが、
温度管理をていねいにすることで、シンプルな材料でも、
やわらかいふわふわの生地が完成します。
卵も牛乳も使用しないので、アレルギーを持つ方にも。

調理時間：60分

材料（高さ14cmトールサイズシフォンケーキ型
　　または直径15cmシフォンケーキ型）

米粉	190g
有機豆乳	360ml
甜菜糖	60g
塩	ひとつまみ

Point
ハンドミキサーのパワーは、一番弱い1で作業します。しっかり混ぜることできれいな生地に。少し余る分量に設定しているので、余った分は紙コップなどに入れて一緒に焼きましょう。それぞれの工程を省略しないことが成功のポイントです。

レシピ：野崎由美子

| 1 | 下準備：オーブンを190℃に予熱する。フライパンに湯を張り、深めのボウルに豆乳と塩を加え弱火で湯せんする。 | 2 | 70℃になったところでハンドミキサーで泡立てはじめる。3分ほど泡立ててから甜菜糖を2回に分けて加え合計10〜12分泡立てる（温度は65〜75℃をキープ）。 | 3 | 火から下ろし、米粉を3回に分けて加え、そのつど泡立て器で混ぜる。生地がまんべんなく混ざるように、しっかりとかき回す。 |

| 4 | ゴムべらで型に流し入れ、ポンと上から落として空気を抜き、すぐにオーブンに入れる。 | 5 | 190℃のオーブンで20分焼き、一度オーブンを開けアルミホイルをかぶせ、170℃に下げてさらに15分焼く。 | 6 | 逆さまにして完全に冷まし、型から出す。 |

44.
白玉団子と
きなこ甘酒ソースがけ

ソースに甘酒を使うことで
ビタミンB群を一緒に摂ることができるヘルシー団子です。
ソースはほど良いとろみでお団子によくからみます。

調理時間：15分

材料（約20個分）
白玉粉 ……………………… 100g
水 …………………………… 100ml
A　きなこ ………………… 大さじ4
　　甘酒（濃縮タイプ）…… 大さじ2
　　メープルシロップ …… 大さじ2
　　豆乳 …………………… 大さじ2

Point

粉は耳たぶくらいのやわらかさになるまで練ってください。温めた豆乳で作るソースも、ほっこりとした味わいでおいしくいただけます。
レシピ：山口さき

| 1 | ボウルに白玉粉を入れ、水を少しずつ加えながら耳たぶくらいのやわらかさになるまで練る。 | 2 | 2等分し棒状にのばし、さらに10等分に切り分けたら、丸めて真ん中をへこませて、ぐつぐつ沸騰する湯へ入れる。 |

| 3 | 浮いてきたら1分待って、冷水に取る。 | 4 | ボウルにAをすべて加えて混ぜ合わせ、きなこ甘酒ソースを作る。水気をきった白玉団子にソースをかける。 |

45.
抹茶のロータルト

良質な大豆たんぱく質であり食物繊維が豊富なきなこをクラストに入れました。
食物繊維やビタミンEが豊富なナッツ類をふんだんに使うことで、
便秘解消や血行促進などの効果も期待できるスイーツです。

調理時間：15分

材料（直径15cmのケーキ型1台分）
【クラスト】
生くるみ ……………………………………… 100g
デーツ（種なし）……………………………… 60g
きなこ ……………………………………… 大さじ2
甜菜糖 ……………………………………… 大さじ2
【フィリング】
A｜生カシューナッツ ……………………… 200g
　｜豆乳（アーモンドミルクでも可）…… 100ml
　｜メープルシロップ ……………………… 80ml
　｜ローカカオバター ……………………… 35g
抹茶パウダー ……………………………… 大さじ1
【飾り】
抹茶パウダー ……………………………… 適量

Point

生カシューナッツは3時間、生くるみは30分、デーツは15分それぞれ浸水させてください。ナッツ類は浸水後よく水気をきってから使用します。ローカカオバターは湯せんして溶かしておきましょう。クラストの食感をしっかり残したい場合はフードプロセッサーは軽く回す程度で。
レシピ：小川昭子

| 1 | フードプロセッサーにデーツを入れ攪拌し、細かくなったら生くるみを入れさらに混ぜ合わせる。 | 2 | きなこ、甜菜糖を入れさらに攪拌したら、型に敷き詰め冷蔵庫で10分以上冷やしかためる。 |

| 3 | フードプロセッサーにAを入れ、つぶつぶ感がなくなりなめらかになるまで攪拌する。抹茶パウダーを加え、ムラなく緑色になるまでかき混ぜる。 | 4 | 2に3を流し込み、3時間以上冷やしかためる。型から取り出し、飾り用の抹茶パウダーを茶こしでふりかける。 |

46.
くるみ餡の黒米おはぎ

玄米と黒米を使うことで、
手亡豆の白さとのコントラストが印象的なおはぎです。
黒米のアントシアニンでアンチエイジング効果も期待できます。

調理時間：45分

材料（4個分）
- 手亡豆 ……………………………… 50g
- 甜菜糖 ……………………………… 25g
- くるみ ……………………………… 50g
- 豆乳 ………………………………… 小さじ2
- 玄米4：黒米1で炊いたごはん … 160g
- くるみ（トッピング用） …………… 適量

Point

甜菜糖の代わりに甘酒（30ml）を使うと、ヘルシーな甘さになります。餡にくるみを入れることで、アクセントになる食感と香ばしさが加わります。

レシピ：福永祥子

1
下準備：手亡豆を一晩浸水させる。くるみを砕く。
鍋に手亡豆とたっぷりの水を入れ、皮がむけるくらいまでゆでる。水を取り替え、手亡豆がつぶれるまでさらにゆでる。

2
ゆで上がったら水気をきり、甜菜糖を加え粒をつぶすように練る。くるみを加えて混ぜ、豆乳でやわらかさを調整する。

3
練った生地を4等分し、ラップの上に生地を円形に広げ、その上に球状にしたごはんをのせる。

4
ラップを使って手毬寿司のように丸め、最後にくるみをトッピングする。

47.
抹茶ムースと
ふんわりこしあん

麹の力を借りて小豆を甘いこしあんに仕上げました。
麹と小豆のダブルパワーで
からだの内側から美しくなるスイーツです。

調理時間:90分

材料(4人分)
【ムース】
A｜水 ……………………… 50ml
　｜粉寒天 …………………… 小さじ1
B｜豆乳 ……………………… 400ml
　｜甘酒(濃縮タイプ) ……… 大さじ2
　｜メープルシロップ ……… 大さじ2
　｜葛粉 ……………………… 大さじ2
　｜抹茶パウダー …………… 大さじ1
【こしあん(冷凍保存可能)】
小豆 ……………… 1/4カップ(50g)
生麹 ……………………………… 160g
塩 ………………………………… ひとつまみ

Point

抹茶ムースは工程2のときに泡立て器でしっかりと攪拌してください。小豆をゆでる際、水が少なくなったら適宜足してください。指でつぶせるくらいが目安です。炊飯器は途中で軽く混ぜ、温度が70℃を超えていないか確認しましょう。
レシピ:大平美弥子

| 1 | 【ムース】鍋にAを入れ木べらで混ぜながら中火にかける。沸騰したら、いったん火を止める。 | 2 | Bを入れ泡立て器で混ぜ合わせる。弱火にかけてとろみがつくまで絶えずかき混ぜる。 | 3 | 器に注ぎ冷蔵庫で冷やしかためる。 |

| 4 | 【こしあん】鍋に小豆、かぶるくらいの水を入れ中火にかけ、沸騰したら1分ほどゆでざるにあける。再度鍋に小豆と水200mlを入れ沸騰したらふたをして弱火にし、1時間ほど煮込む。 | 5 | 炊飯器に4、生麹をほぐして入れ軽く混ぜる。水分が少ないようであれば水50mlを追加する。炊飯器を保温モードにセットし7〜8時間おく。 | 6 | フードプロセッサーに5、塩を入れふんわりするまで攪拌する。抹茶ムースの上に重ね、冷蔵庫で冷やす。 |

48. 白ごまクッキー

バターの代わりにココナッツオイルを使い、
サクサク食感を出したクッキーです。
冷凍保存も可能なので
小腹が空いたときにすぐ食べられます。
プレゼントにもどうぞ。

調理時間：35分

材料（約25枚分）

- A 米粉 …………………………… 70g
  - アーモンドプードル ………… 20g
  - 片栗粉 ………………………… 20g
  - 白すりごま …………………… 20g
- B 甜菜糖 ………………………… 35g
  - 豆乳 …………………………… 20ml
  - ココナッツオイル（無香）…… 55ml
  - 塩 ……………………………… ひとつまみ

Point

生地がやわらかい場合はほど良い硬さになるまで、のばした生地を冷蔵庫で冷やしましょう。ココナッツオイルがかたまっている場合は湯せんし溶かして使用します。型抜き後に白ごまをトッピングしてもOK。

レシピ：前田美樹

| 1 | 下準備：オーブンを150℃に予熱。天板にクッキングシートを敷いておく。袋にAを入れ空気を入れて閉じ、よくふって混ぜ合わせる。 | 2 | ボウルにBを入れ、泡立て器でもったりと乳化するまでよく混ぜ合わせる。 | 3 | 2のボウルに1を入れ、まとまるまで混ぜる。途中ゴムべらに持ち替え、切るように混ぜ合わせる。 |

| 4 | 手でひとまとめにしラップの上にのせ、その上からめん棒で厚さ5mmになるようのばす。 | 5 | お好みの型で抜く。 | 6 | 150℃のオーブンで22分焼く。 |

49.
赤えんどう豆の
パウンドケーキ

からだの内側を整えるのに必要な栄養素が
たくさん含まれている赤えんどう豆。
「おいしく」と「美しくなる」を
両立させたパウンドケーキです。

調理時間：90分

材料（約18cmのパウンド型）
【ゆで赤えんどう豆】
乾燥赤えんどう豆 ······· 50g
重曹 ······· 小さじ½
水 ······· 500ml
甜菜糖 ······· 大さじ2

A 米粉 ······· 110g
　甜菜糖 ······· 40g
　塩 ······· ひとつまみ
　重曹 ······· 3g

B 甘酒（濃縮タイプ） ······· 30ml
　豆乳 ··· 50ml（赤えんどう豆の煮汁
　　　　　がない場合は80ml）
　赤えんどう豆の煮汁 ······· 30ml
　米油 ······· 40ml

米酢 ······· 小さじ2

Point

下準備で、赤えんどう豆を重曹を溶かした水250mlに一晩浸水させてください。パウンド型に合わせてクッキングシートを敷いてください。残ったゆで赤えんどう豆はあんみつなどに入れていただけます。冷蔵庫で保存して2、3日で食べ切ってください。

レシピ：畑真希

1 | 鍋に赤えんどう豆を漬け、汁ごと入れ1〜2分煮立たせざるにあげる。再び鍋に豆を戻し、水250ml、甜菜糖を入れ弱火でコトコト40〜50分ゆで、火をとめふたを閉めて蒸らす。

2 | ボウルにAを入れ混ぜる。オーブンを180℃に予熱する。

3 | 別のボウルにBを入れ、泡立て器で白っぽくなるまでよく混ぜる。

4 | 2と3を合わせてよく混ぜ合わせる。

5 | ゆで赤えんどう豆を25g加えさっと混ぜ、最後に米酢を入れよく混ぜ合わせる。

6 | 型に流し入れ、残りの赤えんどう豆の残りをちらし180℃のオーブンで25分焼く。粗熱がとれたら型から取り出しラップで包んで冷ます。

inner beauty diet　　　　　　　　　　　　　　　　　　　　　　　　Column.3

甘いものを「なかったこと」にする食べ合わせ&メンテナンス法

「お菓子を食べ過ぎて太ってしまった・・・」

そう思った事、ありますよね？
大丈夫です。
太ってしまうのは食べたときではなく、食べて放置してしまったとき。私たちのからだは常にエネルギーを欲し、エネルギーを消費しています。過剰な糖質は肥満の要因となりますが、食べる際に

①代謝が促進される食材を選び
②食べた後にメンテナンスする

ことで、ケアすることができます。

糖質の代謝を促すビタミンB_1、デトックス効果の高い食物繊維を含む食材を意識して、スイーツを食べる前の食事、食べた後の食事で摂取しましょう。ビタミンB_1はえのきたけ・あずき・大豆・モロヘイヤ・しめじ、食物繊維は海藻類・きのこ類・青菜・ネバネバ食品 に多く含まれています。

甘いものを食べた日の夜は、パン、パスタ、お米はお休みして、青菜中心のお野菜と、海藻、お魚、納豆などの大豆製品、お味噌汁などでバランスをとります。

「食べたい」と思ったら心から楽しむ。そのあとのメンテナンスさえ怠らなければ、食べていけないものなど、何一つありません。

Part. 5

Entertain

おいしさをみんなで分かち合いたい
おもてなしスイーツ

発酵食品や豆腐を使っているから罪悪感ゼロ。
それなのに驚くほどおいしくて満足感も味わえる大型のおやつ。
きっと、おウチでふるまいたくなるはずです。

50. チョコバナナムースタルト

小麦粉、卵、乳製品、白砂糖不使用でも、サクサクのタルトとなめらかなチョコムースが完成。豆腐とは思えない濃厚なチョコムース風のフィリングをお楽しみください。

調理時間：45分

材料（直径15cmのタルト型1台分）

A	米粉	50g
	葛粉	20g
	アーモンドプードル	30g
	塩	ひとつまみ
B	米油	大さじ2
	メープルシロップ	大さじ2・1/2
C	木綿豆腐	1丁（300g）
	ココアパウダー	大さじ3
	米飴	大さじ2
	メープルシロップ	大さじ2
	ココナッツオイル（無香）	大さじ3
	バナナ	1/2本
	ココアパウダー	適量
D	アーモンド	10個
	くるみ	5個
	ピスタチオ	適量

Point

タルト型に油（分量外）を塗ってください。タルト生地がまとまらない場合は、米油（分量外）を小さじ1ほど足し調整します。暖かい場所ではココナッツオイルが溶けフィリングがゆるくなるので食べる直前まで冷蔵庫で冷やしてください。

レシピ：前田美樹

| 1 | **下準備：木綿豆腐は水きりし、オーブンを170℃に予熱する。**
ボウルにAを入れ泡立て器でよく混ぜる。 | 2 | Bの米油を加え、ポロポロとするまで手のひらですり合わせる。Bのメープルシロップを加え、ゴムべらで切るように生地がなじむまでよく混ぜ合わせ、ひとまとめにする。 | 3 | 2をタルト型の中央におき、まず底を埋めるように手のひらで押さえ、平らにのばす。そのあと指で側面にものばし、フォークでところどころ穴を開け、170℃のオーブンで23分焼く。 |

| 4 | フードプロセッサーにCを入れ、ふんわりなめらかになるまで撹拌する。ココナッツオイルを加えさらに撹拌する。 | 5 | 3の粗熱がとれたら、型からそっとはずし、スライスしたバナナを敷き詰める。 | 6 | 4を流し入れ、表面を平らに整え冷蔵庫で冷やしかためる。食べる直前にココアパウダーを茶こしでふり、砕いたDをトッピングする。 |

51. ベリーのタルト

赤と青のあざやかな饗宴。
華麗な見た目とヘルシーさのギャップで
大人も子どもも大喜びのゴージャスな一品です。

調理時間：40分

材料（直径15cmのタルト型1台分）

A
- 米粉 …… 60g
- アーモンドプードル …… 35g
- 葛粉 …… 25g
- 塩 …… 少々

B
- アガベシロップ …… 25ml
- 豆乳 …… 20ml
- 米油 …… 35ml

【フィリング】
- 豆乳 …… 200ml
- アガベシロップ …… 32ml
- 米飴 …… 10g
- ル・カンテンウルトラ …… 8g
- メープルシロップ …… 4ml
- 粉寒天 …… 1g
- 塩 …… 少々
- バニラエキストラクト …… 小さじ1
- 米油 …… 50ml

【トッピング】
ブルーベリー、ラズベリー、ミント …… 適量

Point

4で米油を入れた後はしっかりと乳化させてください。ベリー類を盛り付けるときは、大きさを揃えると美しく見えます。

レシピ：康麻衣

1 | 下準備：型に米油（分量外）を塗り、オーブンを160℃に予熱する。
ボウルにAを入れ、泡立て器で混ぜる。

2 | 別のボウルでBを混ぜ、1を加え混ぜ合わせる。

3 | 2をタルト型に敷き詰め、フォークで全体に穴を開け、160℃のオーブンで15分焼く。

4 | 【フィリング】
鍋に米油以外の材料を入れ、沸騰直前まで加熱する。次に米油を入れしっかり混ぜ乳化させる。バットに入れ1時間ほど冷凍する。

5 | フードプロセッサーに冷えかたまった4を入れ、なめらかになるまで攪拌する。

6 | 冷ました3のタルト生地に5を入れて冷やし、ブルーベリー、ラズベリー、ミントをお好みで盛りつける。

52.
発酵チーズケーキ

味噌と甘酒という2大発酵食品を使った甘さ控えめのケーキ。
レモン果汁、白味噌、甘酒を組み合わせると
チーズケーキのような味わいになります。

調理時間：20分

材料（直径15cmのケーキ型1台分）

【クラスト】
- 生アーモンド ……………… 75g
- ココナッツファイン ……… 15g
- ココナッツオイル（無香）
  ……………………… 大さじ1
- 塩 ………………… ひとつまみ

【フィリング】
- 生カシューナッツ ……………… 85g
- 甘酒（濃縮タイプ）……………… 50ml
- ココナッツオイル（無香）……… 40ml
- レモン果汁 …………… 大さじ1・½
- 白味噌 ………………… 大さじ2
- 水 ………………… 30ml（適宜）

Point

生カシューナッツは3時間ほど浸水させてください。生地がなかなかかたまらない場合は、冷蔵庫で冷やす時間を長くしてください。

レシピ：前田梨江

| 1 | フードプロセッサーにクラストのココナッツオイル以外の材料を入れ、生アーモンドが細かくなるまで攪拌する。 | 2 | ココナッツオイルを加えさらに攪拌し、まとまってきたら取り出す。 | 3 | 型に敷き詰め冷凍庫で冷やす。 |

| 4 | フードプロセッサーにフィリングのココナッツオイル以外の材料を入れ、なめらかになるまで攪拌する。回りづらければ水を少しずつ加える。 | 5 | ココナッツオイルを加えさらに攪拌する。 | 6 | 3に5を流し入れ平らにし、冷凍庫で2時間ほど冷やす。かたまったら、型から取りはずす。 |

53. 米粉のチョコミルクレープ

ココナッツミルクと豆乳を使用した
チョコクリームでヘルシーに
仕上げたミルクレープです。
ココナッツミルクは
中鎖脂肪酸が多く含まれ、
すばやく脂肪を燃焼させます。

調理時間：30分

材料（直径10cm程度 8枚分）
米粉 ················ 80g
A｜アーモンドプードル
　　················ 20g
　｜甜菜糖 ··········· 30g
豆乳 ················ 150ml
バニラエキストラクト ··· 小さじ1
米油 ················ 適量

【チョコクリーム】
B｜米粉 ············· 大さじ2
　｜粉寒天 ············ 小さじ⅓
　｜ココアパウダー ····· 小さじ1
　｜米油 ·············· 大さじ1
　｜メープルシロップ ··· 大さじ3
ココナッツミルク ······ 140ml
豆乳 ················ 60ml

【トッピング】
バナナ（輪切り） ····· 1本
ココアパウダー ········ 適量
ミント ··············· 適量

Point

アーモンドプードルの塊はしっかりつぶしてください。ダマができやすいので注意が必要です。カットするときは冷蔵庫で冷やしておくときれいな断面になります。

レシピ：重本彩

1 | ボウルに米粉とAを入れ、泡立て器で混ぜ、豆乳、バニラエキストラクトを加え、しっかりと混ぜる。

2 | 米油をひいたフライパンを熱し、生地を薄くのばして両面を焼く。

3 | 【チョコクリーム】
鍋にBを入れ、泡立て器で混ぜる。

4 | 3にココナッツミルクと豆乳を混ぜながら入れ、火にかける。ふつふつとした状態を保ち1〜2分絶えず泡立て器で混ぜながらとろみをつける。生地、クリームの順に重ねてトッピングを盛りつける。

54. アボカドチーズケーキ

若返りのビタミンとも呼ばれるビタミンEや
食物繊維が豊富なアボカド、白味噌、酒かすを使い、
乳製品を一切使わずにチーズケーキの味を再現しました。

調理時間：45分

材料（直径15cmのケーキ型 1台分）

【クラスト】

A
- 米粉 …… 50g
- アーモンドプードル …… 25g
- 片栗粉 …… 15g
- 塩 …… ひとつまみ

B
- 米油 …… 35ml
- アガベシロップ …… 15ml
- 豆乳 …… 10ml

【フィリング】

木綿豆腐 …… 280g

C
- アボカド …… 大1個（120〜150g）
- ★豆乳チーズ …… 約100g
- アーモンドプードル …… 60g
- 酒かす …… 20g
- アガベシロップ …… 大さじ6
- 甘酒（濃縮タイプ） …… 大さじ4
- 白味噌 …… 小さじ1・1/2

粉寒天 …… 小さじ1/2弱
葛粉 …… 小さじ3（大さじ2の豆乳で溶いておく）
ココナッツオイル（無香） …… 70ml
レモン果汁 …… 小さじ3
梅酢 …… 小さじ3

Point

オーブンを160℃に予熱して、型の大きさに合わせてクッキングシートを敷いてください。しっかりと冷蔵庫で冷やしかためるのがおいしさのポイントです。フィリングがしっかりとかたまることで、よりチーズケーキの食感に近づきます。梅酢がない場合は、同量のレモン果汁と塩ひとつまみで代用できます。

レシピ：久保田ともみ

★【豆乳チーズの作り方】

豆乳 …… 400ml
レモン果汁 …… 大さじ3
塩 …… ひとつまみ

鍋に豆乳、塩を加え、沸騰するまで火にかける。レモン果汁を加えて混ぜ、キッチンペーパーを敷いたざるに流し入れ、水気をきる。粗熱がとれカッテージチーズ状になったら完成。

| 1 | ボウルにAを入れ、泡立て器でよく混ぜる。別のボウルにBを入れ、乳化するまでよく混ぜる。AのボウルにBを加え、ゴムべらで粉っぽさがなくなるまで混ぜ、生地をひとまとめにする。 | 2 | 1を型に入れ、指で押し広げながら敷き込み、フォークで全体に穴を開ける。160℃のオーブンで10分焼き、型ごと冷ます。 | 3 | アボカドを1口大に切り、小さじ1のレモン果汁（分量外）をまぶす。鍋にお湯を沸かし、沸騰したら豆腐をちぎりながら入れ1〜2分ゆでる。ざるに上げ水気をきり、粗熱がとれるまで冷ます。 |

| 4 | フードプロセッサーに3とCの残りを入れ、なめらかになるまでよく攪拌する。 | 5 | 鍋に移し、粉寒天、豆乳で溶いた葛粉を加え、混ぜながら弱火にかける。ふつふつとした状態を保ち1〜2分絶えず混ぜながら加熱する。 | 6 | フードプロセッサーに戻し、ココナッツオイル、レモン果汁、梅酢を加え、なめらかになるまで攪拌したら、2の型に流し込み、冷蔵庫で4時間〜一晩冷やす。 |

55. ザッハトルテ

ベースのスポンジに米粉と豆乳を使用し、
ヘルシーを意識したザッハトルテ。
チョコレートを何重にもコーティングすることで
美しいツヤと複雑な食感を楽しめます。

調理時間：50分

材料（直径15cmのケーキ型1台分）

【スポンジ生地】
A
- 米粉 ……………… 60g
- ココアパウダー ……… 15g
- 片栗粉 …………… 20g
- ベーキングパウダー …… 小さじ1
- 重曹 … 小さじ½弱（2g）
- 塩 ………… ひとつまみ

B
- 豆乳 …………… 80ml
- 米油 …………… 30ml
- 甜菜糖 …………… 30g
- レモン果汁 ……… 10ml

【チョコレートグラサージュ】
C
- 水 ……………… 60ml
- 粉寒天 …… 小さじ¼〜⅙
- ココアパウダー …… 25g
- 甜菜糖 …………… 40g
- 豆乳 …………… 50ml
- オレンジキュラソー …… 小さじ½

【シロップ】
- メープルシロップ …… 大さじ2
- 水 ……………… 大さじ1
- 無糖アプリコットジャム … 適量

Point

流すときのとろりとしたチョコレートの状態をキープすることが大切です。ココアパウダーは粉ふるいにかけてから使ってください。

レシピ：伊藤けいこ

1　下準備：オーブンを180℃に予熱し、型底の大きさに合わせてクッキングシートを敷く。
ボウルにAを入れ、泡立て器でよく混ぜ合わせる。

2　別のボウルにBを入れ、泡立て器でとろりとするまでよく混ぜる。

3　2のボウルに1を入れ、泡立て器でぐるぐると20〜30回しっかりと混ぜる。レモン果汁を加え、さらによく混ぜ合わせ、すばやく型に流し入れる。

4　上から数回下に落とし空気を抜く。180℃のオーブンで10分焼き、その後160℃に下げてさらに12〜15分焼く（焼き上がったら中心に竹串を刺して、生地がついてこなければOK）。

5 焼けたらそのまましっかり冷まし型からはずす。焼き上がった生地の表面をカットして平らに整えたら、生地を厚さ半分にスライスする。

6 焼けたスポンジ生地の全面に、メープルシロップと水をよく混ぜたシロップをハケで塗る。アプリコットジャムを生地の内側にまんべんなく塗り重ねる。最上面にもアプリコットジャムを適量ムラなく薄く塗りのばす。

7 小鍋にCを入れ泡立て器で全体をよく混ぜ合わせる。中火にかけ、ゴムべらで絶えず混ぜながらひと煮立ちさせる。弱火にし豆乳を少しずつ加え、ゴムべらでしっかりと混ぜ合わせる。最後にオレンジキュラソーを加え混ぜる。

8 下にバットを敷いた網トレーの上に合わせたスポンジ生地をのせる。とろりとした状態のチョコレートグラサージュをスポンジの上から流しかけ、ヘラなどで余分なチョコレートを落とし、側面もきれいに塗り冷やしかためる。

56.
いちごの3層ムースタルト

豆乳、ココナッツミルクをムースに使用しカロリーを抑えました。
いちごとローズヒップティーの赤があざやかな、ムースタルトです。

調理時間：40分

材料（直径15cmのケーキ型1台分）

【タルト生地】
A
- ココナッツファイン ……… 1/3カップ
- くるみ ……………………… 2/3カップ
- アーモンド ………………… 1/2カップ
- きなこ ……………………… 小さじ2
- ココナッツオイル（無香） …… 大さじ2
- メープルシロップ ………… 小さじ2
- 塩 …………………………… 少々

【いちごムース】
- いちご ……………………… 200g
- 豆乳 ………………………… 100ml
- ココナッツミルク ………… 100ml
- メープルシロップ ………… 大さじ3
- レモン果汁 ………………… 小さじ1/2
- 葛粉 ………………………… 大さじ1
- 粉寒天 ……………………… 小さじ1弱
- 水 …………………………… 50ml

【いちごのジュレ】
- 粉寒天 ……………………… 小さじ2/3
- 水 …………………………… 300ml
- ローズヒップティー ……… 1袋
- いちご ……………………… 4、5粒
- メープルシロップ ………… 大さじ1
- レモン果汁 ………………… 小さじ1/2
- ミント ……………………… 適量

Point

いちごはへたを取って洗い、ざるに上げて水気をきっておきます。ジュレ用のいちごは縦にスライスしましょう。6で気泡をしっかり取り除くときれいに仕上がります。ローズヒップティーは煮出しすぎると渋くなるので注意してください。

レシピ：伊藤けいこ

1	フードプロセッサーにAを入れ、もったりするまで攪拌する。	**2**	コップの底などを利用して1を型に敷き詰め、冷蔵庫で冷やす。

3	【いちごムース】鍋に粉寒天、水を入れ火にかけ、一度沸騰させ、混ぜながら粉寒天を煮溶かす。	**4**	フードプロセッサーにムースの残りの材料を入れ、なめらかになるまで攪拌する。

5 | 3の鍋に4を入れ、混ぜながら2分ほど火にかけ、とろみがついたら再びフードプロセッサーで攪拌する。

6 | 粗熱がとれたら2の上に流し入れ、冷蔵庫で冷やす。気泡があれば取り除く。

7 | 【いちごのジュレ】
鍋に粉寒天、水を入れ、火にかけ沸騰させ粉寒天を煮溶かす。次にローズヒップティーバックを入れ弱火で2〜3分火にかけて色をしっかり出す。火をとめメープルシロップ、レモン果汁を加える。

8 | 粗熱がとれたら、かたまった6のムースの上に流し入れる。ジュレがかたまらないうちにスライスしたいちごも並べ、冷蔵庫で冷やしかためる。

Conclusion

おわりに

たくさんの情報が溢れ、さまざまな知識を得れば得るほど、
その通りにできないことに、心がモヤモヤするかもしれません。

お菓子を食べる自分への罪悪感を感じたり。
きれいになりたいと思うと、苦しみは増えるのかもしれません。

でも、私たちは、いつでも自分が食べるものを
自分で選択することができます。
自分の意思で、いつでも、いつからでも。

お料理、おかしは愛と感謝。

大切な方へ、何かを伝えたい際は、
ぜひこの本のレシピを贈ってください。
「からだにやさしいスイーツ」を選択することで、
心がふっと軽くなって、食材が持つおいしさをかみしめて、
もっと幸せになれますように。

みなさまが口にしたものが、心の栄養になることを
心から願っています。

最後に、今回の本に関わった、
全てのインナービューティープランナー達、
編集のみなさま、手にとってくださっている
みなさまへ心からの感謝を込めて。

ひとつでも参考になったら、とてもうれしいです。

4月吉日　木下あおい

レシピ監修者一覧

（ 前田美樹 ） @maekiii

インナービューティープランナー、管理栄養士

インナービューティーダイエット専門クッキングサロン大阪校にて、マネージャーを務めながら、さまざまなレッスンに登壇。気持ちが柔らかくなるような、日常の料理やおやつを大切にしている。

（ 野崎 由美子 ） @kanrieiyousi

インナービューティープランナー、
管理栄養士、健康運動実践指導者

新潟県上越市在住。2018年秋、内科クリニック併設の、メディカルフードなども提供する栄養外来をオープン。美と健康にやさしいスイーツを日々研究中。試作品は、三人娘たちのおやつになっている。

（ 三和文子 ） @ayako1003

インナービューティープランナー、カラーコーディネーター

子供のアトピーをきっかけにインナービューティーダイエット協会で食の大切さを学ぶ。「食が変われば人生が変わる」をコンセプトに『発酵料理教室Aya Life Beauty kitchen』を主宰。

（ 山口さき ） @saki.214

インナービューティープランナー
発酵おうちごはん料理教室『山口飲食』代表

「発酵食でカラダを作る、ココロを作る」を合言葉とした料理教室『山口飲食』主催。発酵食の知識、技術を活かした、毎日のごはんに取り入れやすい発酵おうちごはんで、家族の健康を支える土台作りをサポート。

（ 伊藤けいこ ） @keiko_ito_beautysweets

インナービューティープランナー
ビューティースイーツコンシェルジュ（幸せクリエイター）

2016年「豊かな生き方を見つける場所」をコンセプトに、ビューティースイーツ・和食の料理教室『クッキングサロンBLOOM』を大阪・東京の2か所にオープン。受講者は500人を超える。

インナービュープランナー一覧

(生田目恵里)
@717eri

(瀬川陽子)
@yoko_sss_

(藤井香里)
@kaori__niko

(大平美弥子)
@miyako.blisskitchen

(高橋里佳)
@riritata88

(松岡佑美)

(小川昭子)
@akirin123o

(丹後典子)
@norikotango

(前田梨江)
@riem87

(久保田ともみ)
@tomomi.kubota_

(友松ゆい)
@y_tomo89

(元持有梨)
@yuri_sweets_kitchen_

(小泉翔子)
@shoko426

(畑真希)
@macocomaki

(康麻衣)
@maimai93ibp

(佐野裕香)

(檜澤千恵)
@chie_chiehiz

(山田嘉子)
@yoshiko_y9063

(重本彩)
@s_aya422_cooking

(福永祥子)
@shoko_725

『インナービューティースイーツマイスター資格認定講座』にて、本レシピ内の知識を学ぶことができます。IBD協会が主催している1日完結の講座。レシピに通ずるさらなる作り方のコツや、使用している材料について詳しく学ぶ内容です。
詳細は協会HP = http://inner-beauty-diet.org/

(木下あおい　きのした・あおい)

㈳日本インナービューティーダイエット協会代表。インナービューティーダイエット専門クッキングサロンBijou（本店）、Ruby（東京2号店）、Jewel（大阪）、Opal（愛知）を主宰。インナービューティープランナー、管理栄養士として、女性が内側から美しくなるための食事法、レシピを発信している。『食べるほど「美肌」になる食事法』（大和書房）、『わたしの美人ノート』（KADOKAWA）、『美人を生む「美腸ダイエット」レシピ』（小学館）など著書多数。

staff

撮影	市瀬真似
装丁・本文デザイン	鎌内文、南彩乃（細山田デザイン事務所）
スタイリング	野中恵梨子
レシピ	日本インナービューティーダイエット協会
食材協力	オーサワジャパン
調理協力	前田美樹
調理助手	野崎由美子、三和文子、康麻衣、南場美智子
校正	麦秋新社
構成	キンマサタカ（パンダ舎）
編集	小島一平、金城琉南（ワニブックス）

やせるおやつ
小麦粉、白砂糖、卵、乳製品を使わない56のレシピ

著者　木下あおい、インナービューティープランナー
監修　日本インナービューティーダイエット協会

2018年5月10日　初版発行
2021年5月20日　2版発行

発行者　横内正昭
編集人　青柳有紀
発行所　株式会社ワニブックス
　　　　〒150-8482
　　　　東京都渋谷区恵比寿4-4-9　えびす大黒ビル
　　　　電話　03-5449-2711（代表）
　　　　03-5449-2716（編集部）
　　　　ワニブックスHP
　　　　http://www.wani.co.jp/
　　　　WANI BOOKOUT
　　　　http://www.wanibookout.com/

印刷所　株式会社光邦
DTP　　有限会社Sun Creative
製本所　ナショナル製本

定価はカバーに表示してあります。
落丁本・乱丁本は小社管理部宛にお送りください。送料は小社負担にてお取替えいたします。ただし、古書店等で購入したものに関してはお取替えできません。
本書の一部、または全部を無断で複写・複製・転載・公衆送信することは法律で認められた範囲を除いて禁じられています。

©木下あおい2018
ISBN 978-4-8470-9687-7

※本書に記載されている情報は2018年4月現在のものです。掲載されている情報は変更になる場合もございます。

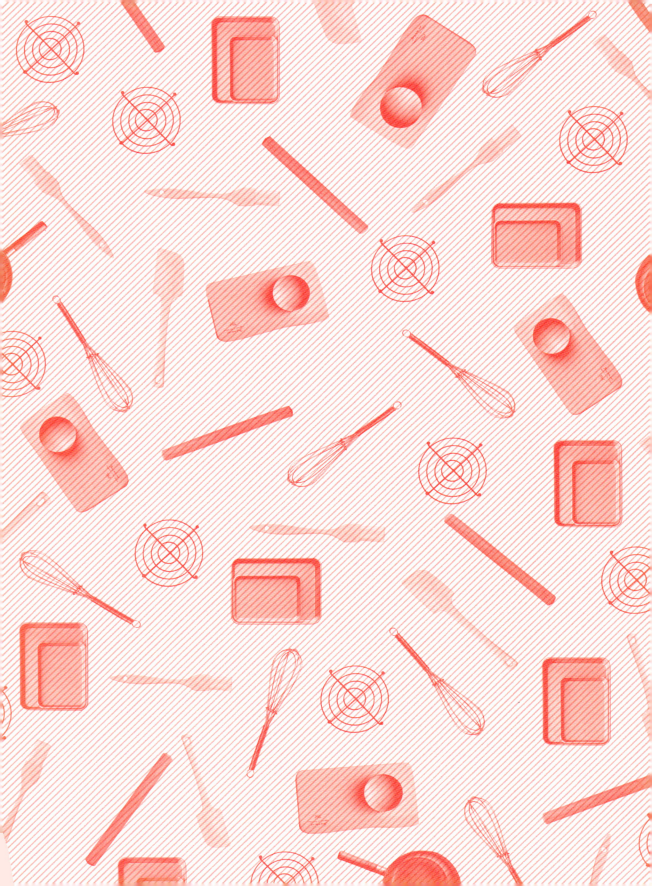